AF555364

MANUEL PRATIQUE

DES

PLANTATIONS.

Ouvrages du même Auteur.

Des Arbres fruitiers pyramidaux, vulgairement appelés *Quenouilles*, 1 vol. in-12.

Traité complet sur les Pépinières, 1 vol. in-12.

Les Suites funestes du Jeu, 2 vol. in-12.

Sous presse.

Supplément au *Traité des arbres fruitiers pyramidaux.*

Les exemplaires ont été déposés à la Bibliothèque nationale, conformément à la loi.

De l'Imprimerie de DIDOT jeune, rue des Maçons-Sorbonne, n.° 406.

MANUEL PRATIQUE
DES
PLANTATIONS,

RÉDIGÉ d'après les principes les plus clairs sur la nature des terreins, le choix des arbres, la manière de les déplanter, de les transplanter et de les entretenir; avec des observations et des expériences à la portée des agriculteurs et des habitants de la campagne :

IMPRIMÉ d'après l'invitation, et sous les auspices du Ministre de l'Intérieur :

AVEC FIGURES :

Par ETIENNE CALVEL, ci-devant membre de plusieurs académies, sociétés littéraires et d'agriculture.

Prix : 1 fr. 80 c. et 2 fr. 30 c. par la poste.

A PARIS,

Chez L'AUTEUR, rue Macon, n.° 11, quartier Saint-André-des-Arcs.

ET SE TROUVE,

Chez { LE NORMAND, Imprimeur-Libraire, rue des Prêtres Saint-Germain-l'Auxerrois, n.° 42.
MARCHAND, Imprimeur-Libraire pour l'Agriculture, rue des Grands-Augustins, n.° 12.

AN XII. — 1804.

AVERTISSEMENT.

On n'a peut-être jamais fait en France autant de plantations, qu'en l'an X, et l'année dernière, et jamais elles n'ont eu aussi peu de succès.

On l'attribue à la sécheresse excessive et soutenue que nous avons éprouvée. Sans doute elle y a beaucoup contribué; mais elle n'est que la cause secondaire de la perte immense de tant d'arbres qu'il faut remplacer à nouveaux frais.

Je crois qu'une partie d'entre eux aurait réussi, s'ils avaient été secondés par cette alternative de pluies, d'orages et de chaleurs, qui facilitent si puissamment la végétation. Mais comme tout propriétaire ne plante, que dans l'espérance si naturelle de voir prospérer la totalité de ses arbres, il n'y a pas lieu de douter que, même cette année, ses vues n'eussent été remplies, s'il eût planté des arbres bien choisis, avec l'attention et le soin qui devaient en assurer le succès.

On l'a obtenu dans quelques plantations, où il n'a pas même péri un seul arbre. Je cite de préférence celle qu'on a faite à la pépinière du Luxembourg, comme un exemple bien frappant de ce qu'on doit attendre du talent et du soin; surtout si l'on considère, que les arbres fruitiers pyramidaux y ont été plantés avec la totalité de leurs branches, et que les pêchers qui sont au bas de la terrasse, exposés à l'action du soleil pendant la plus grande partie des longues journées d'été, y ont fait des pousses de plus d'un mètre et demi (4 pieds et demi) de longueur.

Le vide immense opéré dans toutes les plantations, en général, était fait pour fixer l'attention et la sollicitude d'un chef du gouvernement, dont le moindre mérite est d'unir à de vastes connaissances agricoles, une érudition et des talents littéraires dont s'honore la France.

J'eus l'honneur de lui présenter un Mémoire sur cet objet. Il voulut bien l'accueillir avec sa bonté ordinaire, le lire, et le transmettre avec intérêt au Ministre de l'Intérieur, qui m'a chargé de rédiger un ouvrage d'après le plan que j'avais ébauché dans ce Mémoire.

MÉMOIRE

SUR LES PLANTATIONS.

Le gouvernement commence à jouir, et du succès de ses efforts pour multiplier tous les genres de plantations, et de l'heureuse impulsion qu'il a donnée.

Il n'a presque plus rien à faire pour s'assurer d'une immense multiplication d'arbres de toute espèce. Ils existent dans ses semis, et dans ses pépinières du Roule, de Trianon, du Luxembourg, etc.

Dans ce dernier endroit, seize mois ont suffi aux talents héréditaires d'un habile artiste, pour créer plus de cinq cents beaux pêchers, bons à transplanter, et dont les sujets étaient encore dans les amandes, en germinal de l'an X. Encore quelque temps, et il offrira peut-être un million d'arbres fruitiers de toutes les espèces.

Ses succès, d'autant plus étonnants qu'ils ont été moins secondés par les saisons, feront de la pépinière du Luxembourg un objet utile de comparaison avec d'autres établissements particuliers, un motif puissant d'émulation, une école d'arbres fruitiers pour l'Europe entière.

Mais les vues du gouvernement seraient bien loin d'être remplies, s'il se contentait de voir élever dans les dépôts publics ou particuliers, des arbres robustes. Sa sollicitude doit nécessairement s'étendre sur les moyens de leur conserver, dans leur transplantation, cette vigueur originaire qui promet de les faire survivre aux siècles.

On ne saurait se dissimuler une vérité bien affligeante, et qui frappe tout le monde. A quelques exceptions près, toutes les plantations en général, ou n'ont presque aucun succès, ou n'en offrent qu'un très-éphémère.

On remplace, à la vérité, ce qui manque; mais quels frais, en pure perte, qui pourraient avoir une destination utile? Quel retard pour la jouissance!

Le dépérissement ou la langueur des jeunes

arbres qu'on met en remplacement, tient nécessairement à un système vicieux, à de grandes erreurs, ou à une négligence répréhensible dans la pratique.

Il est donc digne du gouvernement, qu'après avoir donné un grand exemple dans l'art de former de bons arbres, il offre celui de leur faire parcourir la longue et utile carrière que la nature leur destine.

Plusieurs plantations bien faites, auront, en peu de temps, par leurs succès, averti, fixé l'intérêt qui ne demande qu'à être éclairé.

L'homme d'état à qui la France devra cette grande révolution, dans l'éducation des arbres, est fait pour leur survivre.

Le seul moyen pour la produire cette révolution, tient aux efforts qu'on fera pour répandre l'instruction à cet égard.

Jamais époque ne fut plus favorable, que celle où les circonstances actuelles ont dirigé les vues et les intérêts vers toutes les branches de l'agriculture, dans un état le plus heureusement placé pour être agricole.

Cet objet ne pourra être rempli qu'autant qu'un gouvernement paternel fera répandre avec profusion, un ouvrage élémentaire, clair, méthodique, succinct, d'une extrême simplicité, à la portée de l'habitant de campagne le moins lettré, qui n'aura qu'à appliquer mécaniquement et avec exactitude, des principes pratiques fondés sur une tradition constante d'expériences et de succès.

Convaincu de l'utilité de cette pratique, le gouvernement devrait se faire une loi de ne jamais procéder à une adjudication de plantations, sans exiger, par une clause indispensable, que tous les arbres fussent choisis, plantés et entretenus, conformément aux principes qu'il aurait adoptés dans le *Manuel des Plantations*, dont il serait remis un exemplaire aux adjudicataires.

Ce grand exemple, ses heureux résultats obtiendraient bientôt l'assentiment général, et opposeraient une pratique utile, à une routine ruineuse, qui trompe tous les ans l'espoir des propriétaires, toujours étonnés de parcourir la vie d'une succession d'arbres, qu'ils se flattaient de léguer à des générations éloignées.

On pourrait traiter cet ouvrage élémentaire d'après le plan suivant :

1.° De la terre, de ses qualités, de sa préparation pour faire les plantations.

2.° Du choix des arbres; des signes auxquels on peut reconnaître leur vigueur; de la manière dont ils ont dû être conduits, formés et arrêtés dans les pépinières.

3.° Du terrein qui leur est le plus favorable, etc. etc.

4.° Des saisons pour faire les plantations, relativement aux différents climats de la France, aux expositions particulières, à la nature du sol, aux espèces des arbres, etc.

5.° De la déplantation des arbres, des attentions qu'il faut avoir, soit dans leur transport, soit pour les conserver dans toute leur longueur, ou pour les raccourcir suivant leur nature, leur destination, etc.

6.° De leur transplantation, etc. etc. etc.

7.° Des soins subséquents dans les années qui suivront leur plantation, etc.

Je crois, avant de terminer ce mémoire, devoir faire remarquer un défaut de prévoyance auquel on doit rapporter le vice des plantations.

On traite avec des entrepreneurs à la charge de planter et d'*entretenir*.

Ce mot *entretenir* offre une exception arbitraire qu'il est essentiel de préciser.

Un entrepreneur croit avoir rempli sa tâche, lorsqu'à la fin d'une troisième année, il offre un arbre qui, à la vérité, n'est pas mort, mais qui ne doit pas survivre longtemps à un état de langueur, qui l'a déja classé au rang des arbres inutiles.

Ce ne pourrait être le but qu'on se propose dans les plantations. On s'attend que ces arbres doivent être remarqués par une suite de progrès annuels qui fortifient de plus en plus, ou plutôt, qui réalisent les espérances.

Une clause de l'adjudication devrait porter, que pendant l'intervalle fixé pour l'entretien des arbres, ils se distingueraient par une vigueur successive et croissante, qui ne laisserait aucune incertitude sur leur éducation et leur succès.

Alors, l'entrepreneur se trouverait forcé de les entretenir avec soin, d'après les principes du *Manuel des Plantations*, pour ne pas voir réformer des arbres languissants qu'on le forcerait de remplacer.

Mais pour exercer un acte de justice aussi rigoureux, le gouvernement qui a, d'un côté, un grand intérêt à n'être pas trompé, et qui, de l'autre, doit sa protection à ceux qui s'efforcent de le servir avec fidélité, devrait établir un espèce de juri chargé de veiller à la stricte exécution des engagements pris par les entrepreneurs, et de requérir les réformes et les remplacements nécessaires.

LETTRE

DU MINISTRE DE L'INTÉRIEUR.

Le Ministre de l'Intérieur, au C. Calvel, à Paris.

J'ai lu avec beaucoup d'intérêt, Citoyen, votre Mémoire sur les plantations, que le CONSUL LEBRUN m'a transmis, en y ajoutant l'éloge de vos connaissances dans la culture des arbres.

Je regarde ce Mémoire comme le prospectus d'un ouvrage élémentaire, qui méritera de faire suite à votre Traité complet sur les pépinières, dont je m'applaudis d'avoir accepté la dédicace.

Je ne puis qu'exciter votre zèle, et vous inviter à offrir aux personnes qui s'occupent des plantations, de nouveaux moyens de succès.

A mon égard, je me propose, aussitôt que l'occasion s'en présentera, d'utiliser vos connaissances particulières, en vous mettant à même de les appliquer au bien et à la prospérité de l'agriculture.

Je vous salue.

Signé, CHAPTAL.

Paris, 4 vendémiaire an XII.

*

Pour répondre à une invitation aussi flatteuse, je me suis efforcé d'écrire ce Manuel avec cette précision et cette clarté qui pouvaient le rendre utile à la classe laborieuse à qui je le destine. J'ai offert les principes les plus simples, et les ai étayés de toutes les observations et les expériences qui pouvaient éclairer et guider sûrement les personnes qui, dégagées de toutes préventions, desireront faire des plantations durables.

Afin de ne pas me répéter, j'ai fait précéder chaque article d'un chiffre entre deux ( ). Lorsqu'on trouvera ce signe dans le corps de l'ouvrage, il indiquera que le principe que je ne fais qu'énoncer, se trouve développé à l'article indiqué par ce numéro.

MANUEL PRATIQUE
DES
PLANTATIONS.

CHAPITRE PREMIER.

De la terre et de ses différentes qualités.

(1) La terre est en général l'élément dans lequel les végétaux germent, naissent, croissent, s'élèvent et prospèrent. Elle entre très-peu dans leur composition, comme on en peut juger par le résidu de plusieurs stères de bois qu'on a brûlées, et dont il faudrait décomposer les cendres, pour en extraire ce qui n'est que terre. On peut, sous quelques rapports, la comparer à ces éponges mouillées, sur lesquelles on fait germer des graines.

(2) La terre n'est donc presque pas fertile par elle-même. Elle ne l'est que par les sels et autres principes de fécondité qu'elle renferme dans son sein par la décomposition des végétaux, par ceux qu'elle reçoit de

l'air et de l'atmosphère, ou par les engrais que lui fournit l'industrie.

(3) Sa fertilité est d'autant plus sensible, qu'elle contient en plus grande partie (mais sans excès) ces principes végétaux. Tout ce qui peut donc contribuer à les produire, à les augmenter, ne peut qu'ajouter au succès de la végétation. Ce résultat ne peut avoir lieu, qu'autant que la terre ne laisse pas dissiper en pure perte les sucs végétaux qu'elle contient, et qu'elle offre aux racines qui la labourent, la facilité de se laisser pénétrer, pour transmettre à la tige et aux branches la séve qui doit les nourrir. Ces principes me portent à donner quelques aperçus sur les différentes espèces de terre.

CHAPITRE II.

Des différentes espèces de terre.

(4) Les agriculteurs distinguent communément quatre qualités dans la terre; savoir : le sable ou *silice*, l'argile ou *alumine*, la terre calcaire, et le terreau ou *humus*.

(5) Le sable est une terre composée de corps extrêmement durs, raboteux, angu-

leux, à formes inégales, qui font que ces corps ne peuvent se toucher que par un petit nombre de points, et se désunissent facilement.

Il résulte de cette définition, qu'une terre purement sablonneuse n'est, qu'une espèce de crible, par lequel s'infiltre l'eau, avec la plus grande partie des principes de végétation qu'elle tient en dissolution. Par cette infiltration, l'eau descend dans la terre tant qu'elle ne trouve pas d'obstacle à son passage, ou bien elle s'évapore dans l'air, parce que cette terre est trop poreuse. Cette évaporation est d'autant plus grande, que, par leur dureté, ces petits corps sablonneux reçoivent et conservent, plus longtemps que les autres terres, une plus grande masse de chaleur, qui raréfie davantage et plus longtemps le liquide qu'ils contiennent.

(6) Donc, cette terre seule, qui peut, lorsqu'elle est humide, favoriser la germination des plantes, ne peut seconder leur végétation, à moins qu'elle ne soit constamment arrosée. C'est la raison pour laquelle, dans les terreins trop sablonneux, les récoltes qui s'annoncent jusques au printemps par de belles apparences, cessent de flatter

l'espoir du cultivateur, lorsque les chaleurs sont accompagnées de sécheresse.

(7) L'argile, au contraire, est composée de parties extrêmement déliées, lisses, capables de s'unir par un grand nombre de points, et adhérentes entre elles. L'eau y trouve, par conséquent, moins de pores par lesquels elle puisse s'infiltrer ou s'évaporer. Elle s'y trouve réunie comme dans une espèce de bassin, s'y croupit, pourrit les racines, qui d'ailleurs ne peuvent pas percer une terre aussi compacte, et s'y développer. Il ne faut donc attendre de l'argile pure aucun résultat favorable à la végétation.

(8) Mais la combinaison de ces deux espèces de terre, dans une proportion convenable, peut seconder la végétation, en ce que le sable peut désunir les parties trop adhérentes de l'argile, et établir des pores dans la terre, et que d'un autre côté, l'argile peut diminuer la trop grande quantité des intervalles que les molécules de sable laissent entre elles.

(9) J'ai vu un champ extrêmement sablonneux et presque infertile, qui a constamment donné de bonnes recoltes lorsqu'on a ramené, en le défonçant, la glaise

qui était à environ 27 centimètres (11 pouc.) de profondeur.

Des pommiers, dans un côté d'allée où l'argile dominait, étaient dans un état de langueur qui annonçait qu'il fallait les classer au rang des arbres inutiles. Plusieurs labours au pied, et un mélange de sable pur avec du fumier consommé, leur rendit leur première vigueur.

(10) Lorsque l'argile est dans une proportion à-peu-près égale avec le sable, et qu'elle renferme de l'*humus* dans une certaine quantité, on considère cette terre comme du sable gras.

(11) La terre calcaire, dont se forment les marnes, les crayons, et de laquelle on retire par la calcination les plâtres et la chaux, n'est, suivant l'opinion commune, qu'un composé de débris de coquillages et des animaux qu'ils renfermoient. Dans son état de pureté, elle est plus infertile que le sable et l'argile, quoiqu'elle renferme plus qu'eux, des principes de fécondité que développe sa combinaison avec les autres terres, dont elle répare l'épuisement.

Lorsque dans son mélange la terre calcaire domine sur les autres terres, elle forme ce qu'on appelle la marne, qui est, en général, plus fertile, lorsqu'elle est combinée avec l'argile, qu'avec le gravier et le sable. On peut juger de la bonté des terres calcaires et des marnes, par le degré de fermentation qu'elles occasionnent dans le vinaigre, ou dans toute autre liqueur acide.

(12) Le terreau ou *humus* n'est que le résultat de la putréfaction des végétaux qui ont été décomposés par la fermentation. Il contient en très-grande quantité les principes de fécondité; mais leur excès ne saurait être favorable à la végétation des arbres.

Ils n'éprouvent cet heureux résultat, que lorsqu'il existe un mélange de ces différentes terres dans une proportion convenable, soit qu'on la doive à la nature, ou qu'elle soit un effet de l'art.

(13) Ce mélange varie à l'infini, suivant la nature des terreins, suivant la profondeur de la terre végétale ou terre franche qu'ils contiennent, suivant les différentes veines de terre.

(14) La fertilité de la terre, son produit, sont sans contredit les moyens les plus propres pour juger de la valeur d'un terrein. Il est cependant des procédés par lesquels

on peut s'assurer jusqu'à un certain point du mélange des différentes parties qu'elle renferme. Des chimistes, d'autres savans ont enseigné les moyens de l'analyser ou de la décomposer. En voici un que Duhamel employait souvent. Prenez une certaine quantité de terre; deux livres, par exemple; délayez-la avec soin dans beaucoup d'eau ordinaire, plutôt plus que moins : lorsque la terre est bien divisée, agitez l'eau fortement et longtemps avec un bâton : peu de temps après que vous aurez cessé de l'agiter, le sable, plus lourd que les autres terres, se précipitera au fond du vase, dans le temps que l'eau tiendra encore en dissolution les autres terres.

Versez alors l'eau par inclinaison, dans un autre vase; ce qui restera au fond de celui que vous aurez décanté, vous offrira, à très-peu de chose près, du pur sable.

Laissez l'eau se reposer dans l'autre vase; l'argile et la terre calcaire se déposeront au fond, et la terre végétale, plus légère que l'eau, s'élèvera. Décantez de nouveau, et l'eau sera chargée de tout l'*humus*.

Ajoutez de l'eau nouvelle en médiocre quantité; agitez et versez dessus du fort vinaigre (l'acide marin ou muriatique qui a plus d'énergie est préférable) : cet acide s'unira à la terre calcaire, et la tiendra en dissolution dans l'eau que vous décanterez : ce qui restera sera l'argile. En laissant évaporer séparément toutes ces eaux, soit au soleil, soit dans un four, etc. vous aurez, par une approximation assez juste, les différentes espèces de terre, que vous peserez pour fixer leur combinaison entre elles.

(15) Puisque la terre devient végétale par l'addition des sels et autres principes de fertilité que l'air et l'atmosphère y déposent (2), il est évident qu'elle est plus végétale à sa surface qa'à une certaine profondeur, par la difficulté que l'air et les principes végétaux ont d'y pénétrer, et qu'elle cesse de l'être, lorsque ces principes ne peuvent s'y déposer. On en a la preuve, lorsque dans le défoncement des terres, on ramène à la surface, des terres qui n'avaient pas été exposées à l'influence du soleil, de l'air, des pluies, des neiges et des autres différents météores de l'atmosphère. J'ai vu un champ frappé d'une stérilité momentanée, parce qu'on avait enfoncé la charrue trop avant. Mais ces terres, les tufs mêmes, exposés pendant un temps plus ou moins considérable sur la surface de la terre, deviennent pro-

pres à seconder la végétation, lorsqu'ils ont reçu les influences de l'atmosphère.

(16) L'avantage des labours fréquents, est de ramener à la surface, la terre qui est au-dessous, d'y renfermer les principes végétaux, de mettre la terre qui est à la surface à portée d'en recevoir d'autres, d'ameublir la terre de manière que l'air puisse y circuler plus librement, ou avec moins de difficulté, pour y déposer les sels et les vapeurs qu'il entraîne dans son passage.

(17) Pour rendre cette vérité sensible, je vais offrir un exemple à la portée de tout le monde. On sait que les cendres de bois neuf contiennent une grande quantité de sels. Détrempez-les à plusieurs reprises avec de l'eau, jusqu'à ce que vous soyez sûr qu'elle tient en dissolution tous les sels qui étaient dans ces cendres; exposez-les à un air libre; remuez-les de temps en temps : si vous les lessivez de nouveau, vous en extrairez de nouveaux sels. Vous obtiendrez le même résultat, toutes les fois que vous les soumettrez à la même épreuve, si l'influence du soleil et de l'atmosphère est la même.

(18) Concluons de-là que pour faire une bonne plantation, il y a un très-grand

avantage de préparer longtemps d'avance les trous où l'on doit planter des arbres, puisqu'il est démontré (16) qu'il se déposera par la porosité du terrein, une plus grande quantité de principes végétaux, et qu'une terre qui était à une trop grande profondeur participera aux influences de l'atmosphère (15).

CHAPITRE III.

Du défonçage du terrein, ou des trous pour planter des arbres.

(19) S'il est question de planter une allée, un quinconce, des espaliers ou de contre-espaliers, un bosquet, ou de faire une plantation quelconque, dans laquelle les arbres doivent être rapprochés, par exemple, à une distance d'environ 3 à 4 mètres (9 ou 12 pieds), il est aussi peu dispendieux, et il y a bien plus d'avantage de défoncer le terrein dans toute sa longueur, à la largeur d'environ un mètre et demi (4 à 5 pieds), plus ou moins. On a par-là l'avantage de mettre dans le fossé, à égale distance des deux arbres, la terre la moins végétale, et

de réserver l'autre, c'est-à-dire, celle de la surface, pour la mettre au pied des arbres.

(20) Si c'est un verger ou un bosquet qu'on se propose de planter, on s'assure d'un plus grand succès en défonçant le terrein.

Au reste, en parlant d'une distance de 3 à 4 mètres (9 ou 12 pieds), je n'ai eu en vue que des arbres d'alignement à qui une pareille proximité ne peut guère préjudicier, tels que les peupliers, les charmes et autres arbres qu'on destine à s'élever, au nombre desquels on peut compter les arbres fruitiers pyramidaux.

(21) Cette distance serait très-insuffisante pour des arbres qui sont faits pour s'étendre latéralement, tels que ceux qu'on destine à produire des fruits. Je suis tous les jours témoin du regret de beaucoup de propriétaires, qui se trouveraient bien plus avancés, s'ils avaient espacé leurs arbres de manière à ne faire que le tiers ou la moitié de leurs plantations. Ils ne voyaient l'arbre que dans son enfance, sans jamais songer à l'étendue qu'il exigera lorsqu'il aura pris son accroissement. Si on leur eut proposé d'espacer leurs pêchers, leurs poiriers, à 8 mètres (24 pieds), ils eussent répondu qu'il pour-

rait en tenir quatre, au moins, trois dans cette distance. Qu'est-il arrivé? Les branches se sont bientôt croisées; il a fallu les arrêter, tailler court, et, par une suite nécessaire, épuiser l'arbre sans lui faire rapporter des fruits. On était assez dans l'usage, dans la ci-devant Normandie, de planter dans les champs, des vergers à cidre, et de mettre les arbres à 8 mètres (4 toises). J'ai vu trois ou quatre propriétés où ils étaient à 24 mètres (72 pieds), et dans un égal espace de terrein : on y faisait autant de boisson, que dans ceux qui étaient à quatre toises; les arbres ne s'y disputaient pas les bienfaits de l'air et de l'atmosphère, et ne nuisaient pas par leur ombrage à la recolte qu'on faisait dans ce même terrein.

(22) Annoncer que les racines ne pénètrent que très difficilement à travers une terre trop compacte, c'est faire sentir la nécessité du défoncement. Mais à quelle largeur, à quelle profondeur doit-il avoir lieu? On varie assez dans la pratique à cet égard. Quelques personnes se contentent de faire un trou suffisant pour contenir les racines à une profondeur d'environ 48 centimètres (18 pouces); d'autres font des quarrés de 4 pieds sur chaque côté, auxquels ils donnent autant de

profondeur. J'ai vu une fois exagérer les précautions au point de donner aux trous une profondeur de près de 3 mètres (9 pieds), et on se doute bien que la plantation réussit d'autant moins, que la terre qu'on avait mêlée était moins végétale.

(23) La largeur de quatre à cinq pieds est la plus convenable pour donner aux racines l'extension nécessaire. Une pareille profondeur m'a paru toujours exagérée et inutile dans ses résultats, à moins de circonstances impérieuses qui l'exigent, et dont je parlerai plus bas.

Je me suis mieux trouvé de défoncer davantage en surface, et moins en profondeur. Par exemple, je crois qu'il est bien plus avantageux de faire le carré de 16 décimètres (5 pieds) de côté, sur 1 mètre (3 pieds) de profondeur, ce qui n'a jamais fait une augmentation considérable dans le prix ; car quoiqu'il y ait 35 déc. lit. (11 pieds cubes) de plus dans cette manière de défoncer, que dans un cube de 8 décimètres (4 pieds), la difficulté qu'éprouve l'ouvrier pour défoncer 34 lit. (le quatrième pied), est plus considérable, que d'ôter d'un trou où il peut travailler à son aise 248 déc. lit. (75 pieds cubes), au lieu de 225 déc. lit. (64 pieds cubes).

(24) Dans l'arrachage des plus gros arbres, j'ai vu rarement que le pivot s'étendît à plus de trois pieds. Je sais que dans un terrein défoncé, il s'étendrait à une plus grande profondeur; mais ce serait presque en pure perte, parce que quand bien même la terre serait végétale à cette profondeur, elle cesserait bientôt de le devenir, par le défaut de pénétration de l'air et des principes végétaux.

(25) Il est des terreins qui ont beaucoup de fond, c'est-à-dire, qui ont une terre végétale jusques à une grande profondeur. Heureux le propriétaire qui peut planter dans un tel terrein !

(26) Il en est d'autres qui n'ont que 32, 38, 52 centimètres (12, 15, 20 pouces) de terre végétale : le reste ne peut devenir fertile qu'à la longue. Dans le fond, c'est ou le sable, ou la craie, ou l'argile et la glaise, ou le tuf qui dominent. Ces deux derniers fonds sont ceux qui sont les plus mauvais pour les arbres, parce qu'ils retiennent (7) l'eau qui s'infiltre facilement dans le sable et la craie. Il faut donc, dans les terreins où l'on trouve le tuf et la glaise, faire des trous

plus profonds, pour préparer le terrein, ainsi que je l'indiquerai plus bas.

(27) En ouvrant le trou, il faut avoir l'attention de mettre sur un des côtés la terre qu'on ôte de la surface; elle sera très-utile à l'époque des plantations, pour la répandre autour des racines de l'arbre. S'il y a des gazons, on les mettra en tas, pour les employer ainsi que je l'indiquerai à l'article des *plantations*.

(28) A proportion qu'on creusera le trou, on mettra sur le second côté, la terre qu'on tirera; ainsi successivement, de manière que la terre du fond soit sur le quatrième côté.

(29) Si les trous sont ouverts d'avance, il sera très-avantageux de faire travailler ces terres, lorsqu'elles auront été mûries par le soleil. Deux et même trois labours ne peuvent qu'ajouter à la fertilité des unes, et disposer les autres utilement (18).

2

CHAPITRE IV.

Du Choix des Arbres.

(30) La qualité de la terre, sa préparation, ne peuvent que fortifier l'espoir qu'on a de faire une bonne plantation ; mais elle ne peut avoir lieu, qu'autant que des arbres sains et vigoureux s'annonceront pour justifier des soins si souvent infructueux pour tant d'autres. Il est donc très-important de faire un bon choix.

(31) Je ne cesserai de conseiller aux propriétaires de faire ce choix par eux-mêmes, et de marquer les arbres. Un jardinier ou un homme chargé de cette commission, n'en a guère le temps, surtout si la plantation est considérable. Il faut qu'il se repose et se rafraîchisse ; on le promène quelque temps ; il finit très-souvent par s'en rapporter au marchand, qui est lui-même trop occupé pour aller faire le choix. Il est obligé à son tour de s'en rapporter aux ouvriers, auxquels il remet le mémoire pour le remplir.

Je ne prétends désigner personne ; je me fais même un devoir de déclarer qu'il est des pépiniéristes qui n'ont rien tant à cœur que de contenter leurs pratiques, selon leurs desirs. Il n'en est pas moins vrai que dans la plupart des fournitures il y a des mélanges, et qu'un très-grand nombre de plantations réussissent si mal, qu'il faut souvent recommencer.

Mais, disent beaucoup de propriétaires : je n'ai pas le temps de faire ce choix, et puis je n'ai pas assez de connoissances pour le faire de manière à ne pas me tromper. On peut répondre : assurément vous donnez bien plus de temps à d'autres objets bien moins importants que celui d'une plantation qui peut vous assurer un revenu ou un capital qui augmente progressivement, et que vous pouvez transmettre après des siècles à de nombreuses générations.

Vous ne vous y connoissez pas ! cela peut être, lorsqu'il est question de distinguer les espèces ou les variétés ; mais s'il s'agit de faire la différence d'un bon et d'un mauvais arbre, cette connaissance est à la portée de tout le monde.

(32) Il faut, pour faire un bon choix, se transporter dans la pépinière vers le commencement de l'automne ; voir quel est

l'état de végétation des arbres dont on veut se pourvoir.

Un des grands inconvénients de beaucoup de pépinières est que le terrein est très-fertile, parce qu'il est fortement fumé. Les arbres y sont assez généralement, plutôt forcés par l'art qu'élevés par la nature. Il est donc important de connaître le sol d'où on les tire.

(33) A très-peu d'exceptions près, tous les arbres qu'on tire d'un sol où surabondent les engrais, et qui doivent être transplantés dans un terrein ordinaire, végettent, au moins dans le début, et souvent pour toujours. Il n'est donc guère probable qu'il résulte de leur emploi de bonnes plantations. Il y a par conséquent bien plus de probabilité, pour le succès, de tirer les arbres d'un sol ordinaire où ils aient pu s'élever, sans languir. On sent qu'ils n'ont rien à perdre à la transplantation, et qu'ils ne peuvent que gagner.

Lorsqu'une partie de pépinière est presque dégarnie, et qu'il ne reste que quelques arbres dont la plus grande partie est de rebut, le pépiniériste, qui veut mettre son terrein à profit, vend ses arbres en gros à des marchands qui les transplantent dans des terreins bien fumés, qu'on appelle *batardières*. Ces arbres réparés dans une terre qui n'est presque que de l'*humus* ou terreau, et bien arrosée, prennent de la vigueur, une écorce lisse, font des pousses considérables, et se remettent d'une manière étonnante. On les dirige avec attention; on les taille en espalier, et on les vend tout formés, avec même des boutons à fruit: j'en ai vu souvent qu'on vendait jusqu'à une pistole.

Assurément ces arbres sont faits pour séduire l'espoir; mais que résulte-t-il de leur emploi? C'est qu'on ne tarde pas à éprouver qu'ils ne valaient pas même les frais de plantation. On voit au moins quelquefois réussir des arbres en pyramide tout formés; mais je suis encore à voir un arbre en espalier, régulièrement conduit pendant quatre ans dans les batardières, avoir survécu deux ans à leur transplantation. Je connais cependant bien des propriétaires qui ont été pris à ce piége, par des marchands d'arbres, ou des grainiers qui font la commission.

(34) Un pépiniériste qui compte sur un terrein fertile, couvert de fumier de boues et d'autres engrais, ne balance pas à mettre son plant très-près. J'en ai vu mettre plus de vingt mille par arpent. Du côté d'Alençon, de l'Aigle, etc. on en met de vingt-cinq

à vingt huit mille. Il est vrai qu'il est assez reçu dans ce pays de ne compter qu'environ sur la moitié des arbres qui y viennent. Qu'arrive-t-il de là ? C'est que ces arbres privés latéralement d'une circulation d'air proportionnelle à leur besoin, rivalisent entre eux pour l'aller chercher, s'allongent et croissent en longueur, sans croître dans la même proportion en diamètre.

(35) Ce juste rapport de la croissance en étendue et en grosseur, est aussi nécessaire dans les végétaux que dans les animaux, comme on peut en juger par les arbres qui s'élèvent à l'ombre.

(36) Un propriétaire de mes amis, avait fait une plantation assez considérable en pommiers qui avaient environ 8 pieds de haut, sur à-peu-près un pouce de diamètre. Quoiqu'ils fussent soutenus par des tuteurs, leur tête, qui s'était bien formée, après deux ans de plantation, était agitée par les vents. Voyant que ces arbres ne grossissaient pas, et que toute la séve se portait vers le haut, il a pris le parti de les étêter tous, et de leur faire quelques incisions longitudinales qui, je n'en doute pas, arrêtant une partie de la séve, fortifieront la tige conformément à ses vues.

(37) On ne peut guère se méprendre sur la bonté d'un arbre et sur sa vigueur, en considérant son écorce : elle doit être claire, luisante, comme si on y avait passé du vernis. Ceux qui ont l'écorce rude, écaillée, mousseuse, gercée, sont toujours à rebuter.

(38) Ceux qu'on destine à être plantés pour former de hautes tiges, et plus particulièrement ceux qui doivent être plantés dans toute leur longueur, doivent être droits, bien filés. La séve y monte, sans éprouver les obstacles qui l'arrêtent dans ceux qui sont courbés.

(39) Si on veut des arbres pyramidaux, qu'on appelle vulgairement *quenouilles*, il faut les prendre jeunes, bien garnis de branches dans toute leur longueur, surtout dans le bas; ce qui est très-rare, vu la manière dont ces arbres ont été élevés dans les pépinières. Il n'y a pas longtemps que j'en ai vu environ cinq cents qu'on a plantés chez un propriétaire, je doute qu'on en puisse diriger douze dans cette forme.

(40) Les pêchers, et en général tous les autres arbres qu'on a greffés sur amandiers, doivent être transplantés à un an de greffe. La raison en est que les amandiers ont des racines pivo-

tantes qui plongent dans la terre et y grossissent. Plus il y reste, plus on a de difficulté à les arracher, et par-là ils deviennent d'une difficile reprise. Souvent des marchands qui n'ont pu vendre la totalité de ceux qu'ils avaient dans leur pépinière, les coupent à deux yeux au-dessus de la greffe; ce qu'on appelle *rebotter*. Ces arbres poussent du nouveau bois, et paraissent de l'année, pour ceux qui ne font pas attention au *nodus* qui est au-dessus de la greffe. On doit les rebuter.

(41) Il est démontré, par l'expérience, que lorsqu'on s'empresse de couper trop tôt les branches latérales d'un jeune arbre, avant qu'il ait acquis une grosseur convenable, l'arbre s'étiole et cesse de prospérer; son écorce se durcit; il diminue même souvent de diamètre, s'épuise en longueur, et se courbe par l'excès et le poids de la séve qui se porte avec trop d'abondance à son sommet. Le cultivateur, pour former une haute tige, doit donc ne supprimer ces branches que peu-à-peu, et à proportion qu'elles paraissent indiquer par leur faiblesse qu'elles deviennent inutiles.

(42) L'époque de cette suppression, la manière de la faire, ne sont pas, à beaucoup

près, indifférentes. Cette suppression est une plaie momentanée qu'on fait à l'arbre. Il est très-intéressant qu'elle se cicatrise promptement, et qu'elle soit recouverte d'écorce. L'expérience nous apprend que l'époque à laquelle on obtient plus facilement ce succès, est lorsque cette suppression se fait au moment qui précède immédiatement le retour de la séve. Elle se porte alors en abondance dans toutes les parties de l'écorce, forme un bourrelet qui se rejoint dans toutes les parties de la circonférence. Si on ne fait cette suppression qu'à l'automne, ou pendant l'hiver, le froid durcit l'écorce ; le bois, exposé à la gelée, meurt. La séve ne peut donc plus monter directement vers tous les points où a été fait ce retranchement; elle est obligée de se dériver de côté, et comme l'arbre a beaucoup de plaies, les obstacles pour l'ascension directe de la séve se multiplient dans la même proportion. On doit donc rebuter des arbres qui ont été dirigés ainsi. Mais, dira-t-on, ces plaies se recouvrent d'écorce à la longue. On répond que, jusqu'à ce recouvrement, qui est quelquefois plusieurs années à se faire, la séve n'a pas cette entière liberté de circulation qui est favorable à l'arbre; que d'ailleurs l'écorce recouvre à la longue du bois mort.

(43) La manière avec laquelle bien des ouvriers suppriment ces branches, est très-vicieuse ; au lieu de les couper avec des instruments bien tranchants, et aussi près de la tige qu'il est possible, ils les suppriment à quelque distance. Il résulte de-là des nodus, même des chicots, qui se pourrissent, vicient le corps de la tige à la longue, d'où il résulte des chancres, ou que l'arbre finit par être creux, ou par avoir ce qu'on appelle des *chambres*.

(44) Le moindre inconvénient de cette pratique vicieuse, est que ces sortes de nodus ou bourrelets, modérant le cours de la séve, elle s'y fixe en partie, et qu'il en sort des branches gourmandes qu'il faut supprimer, ou qu'il se ramasse au dessus de ces bourrelets d'écorce, ou dans l'intérieur du creux, des lichens et des mousses qui absorbent les principes atmosphériques de la végétation, qui pénètrent dans les arbres en s'implantant dans les pores de leur écorce, absorbent une partie de leur séve, et sont encore plus nuisibles en empêchant une transpiration nécessaire à ces arbres ; ainsi tout arbre mousseux doit être rejeté.

(45) La grosseur, la longueur, l'âge des

arbres, sont des objets de considération qu'on ne doit pas négliger.

(46) L'âge se connaît, dans les jeunes arbres, par les marques que laissent sur leur tige les pousses annuelles ; de même on distingue le nombre de leurs années, par le nombre de cercles concentriques qu'on aperçoit, lorsqu'on les coupe tranversalement.

(47) Les arbres croissent dans un même terrein, en raison de leur qualité, du plus ou moins de moyens qu'ils ont d'aspirer la séve, de plus ou moins de facilité qu'ont leurs fibres de se dilater et de s'étendre en longueur ou en diamètre. Le choix qu'on en doit faire, doit être par conséquent relatif aux usages auxquels on les destine. Lorsqu'on se propose de faire des plantations pour avenues, allées, pour faire des bordures, ils doivent avoir assez de grosseur relativement à leur longueur, pour résister davantage à l'action des vents.

(48) Mais on ne doit jamais perdre de vue une considération importante ; c'est que plus un arbre est jeune, plus il s'acclimate facilement, et plus sa reprise est assurée. Son bois étant plus tendre, il pousse des branches latérales plus vigoureuses et en plus grand nombre. Cette considération est

bien faite pour éclairer ceux qui, sans nécessité, recherchent et payent plus cher des arbres parce qu'ils sont plus vieux et plus gros.

(49) On peut comparer les différentes périodes de la vie des arbres, avec celle de la vie des animaux. L'enfance est celle où ils croissent, développent et perfectionnent leurs organes. Lorsqu'ils ont acquis un certain degré de développement, ces organes sont aptes à favoriser une sécrétion qui, accompagnant leur croissance, annonce leur fécondité. Elle se développe à proportion que diminue cette tendance à croître. Il faut donc suivre la nature. Il y a par conséquent un vice d'organisation dans tout arbre qui donne du fruit dès la première et seconde année. Applaudir à sa fécondité, c'est applaudir, en quelque sorte, à sa vieillesse. Pourquoi exiger de son enfance ce qui nous paraîtrait contre nature dans un animal, en qui la puberté ne serait pas prononcée? Ce préjugé est cause qu'on remplace, peut-être, tous les ans, sur le sol de la France, un million d'arbres que le charlatanisme offre à la séduction, parce qu'ils offrent des boutons à fruit, ou qu'ils sont fleuris. Qu'on se transporte dans les pépinières, on verra que ce ne sont

pas les arbres vigoureux, et qui paraissent destinés à parcourir une longue carrière, qui sont à fruit.

(50) On doit porter le même jugement de tous les arbres qu'on vend tout formés, pour faire des éventails, des espaliers, des quenouilles, etc.

(51) On peut en excepter quelques paradis qui, dès la première ou seconde année de greffe, sont à fruit. Ces sortes d'arbres qui font, sous plusieurs rapports, exception à la règle générale, ont peu de racines; elles sont très-menues, aspirent peu de séve, qui s'élabore assez pour se mettre à fruit et peu à bois.

(52) Les poiriers greffés sur le coignassier, et encore plus sur l'aubépine, etc. forment assez généralement un bourrelet au point de l'insertion. C'est une des causes pour laquelle ils se mettent plutôt à fruit, que lorsqu'ils sont greffés sur franc. Si le bourrelet est excessif, c'est un vice dans l'arbre. On doit également rebuter tous les arbres à haute tige, greffés dans le haut, et dont le bourrelet est trop-fort. Il en est de même de ceux dont le sauvageon a été mal coupé au point de l'insertion de la greffe, ou déborde. Dans

ce dernier cas, l'écorce le couvre très difficilement.

(53) Lorsqu'on se propose de planter des arbres à haute tige, il faut choisir ceux qui ont été greffés dans le haut. L'expérience nous apprend que les arbres greffés dans le bas, ne s'élèvent pas autant, et ne sont pas aussi robustes pour former des *plein-vents*.

(54) Cette considération doit engager ceux qui veulent planter des demi-tiges à leurs espaliers, de préférer des arbres greffés au pied, parce qu'ils s'emportent moins dans le haut. Ainsi on peut faire des bonnes demi-tiges avec des arbres à basse tige, qu'on laisse monter et qu'on dirige à une hauteur convenable.

(55) Les arbres venus de drageon, de rejeton ou de marcotte, s'élèvent moins que ceux venus de graine. J'ai cultivé des ormeaux venus de cette manière, et qui n'ont jamais pu s'élever à une hauteur considérable.

CHAPITRE V.

Liste des principaux arbres qu'on est dans l'usage de planter, et du terrein qui paraît leur convenir davantage.

(56) La nature nous offre des variétés immenses dans ses productions. Chaque végétal a une manière d'exister qui lui est propre, et paraît se plaire, de préférence, dans tel climat, telle température, dans certaines qualités de terre, et plutôt à une exposition qu'à une autre. C'est à l'observateur à étudier ce que l'expérience lui offre de plus probable à cet égard.

(57) Cette réflexion doit s'appliquer plus particulièrement aux arbres qu'on se propose de transplanter utilement. La plus grande partie vient sans doute à toutes les expositions, et dans tous les terreins ; mais ils n'y acquièrent pas également ce degré de vigueur qui est le garant de la prospérité des plantations. J'ai donc cru qu'il était nécessaire de donner une nomenclature des arbres qu'on plante le plus communément comme objet d'utilité ou d'agrément, et de

désigner les terreins qui sont reconnus les plus propres pour seconder la végétation.

(58) Je désignerai sous la dénomination de *bonne terre* ou *terre franche*, celle où les quatre espèces de terre dont j'ai parlé au chapitre II, se trouvent à peu près dans une juste proportion.

J'appellerai *terre argileuse*, celle où l'argile domine. Les *terres sablonneuses* ou *calcaires* seront celles qui renferment, dans une plus grande proportion, du sable ou de la terre calcaire.

A

(59) ABRICOTIER, *armenica*. S'il est greffé sur lui-même ou sur prunier, il vient mieux dans une terre franche exposée au midi. S'il est greffé sur amandier, il demande une terre sablonneuse.

ACACIA ou plutôt ROBINIER, *robinia, pseudo acacia*. Toutes les terres et toutes les expositions. Il drageonne moins dans les terres franches et argileuses.

ALISIER ou ALLIER, *cratægus aria*. Tous les terreins et expositions.

AMANDIER, *amygdala*. Terre sablonneuse, abritée du nord.

Alberge, *armenicâ fructu parvo.* Voyez abricotier, dont cet arbre est une variété.

Arbousier, *arbutus unedo.* Terre légèrement sablonneuse. Exposition du midi.

Arbre de Judée, *cersis siliquastrum.* Bonne terre, au levant

Arbre de Sainte-Lucie, *mahaleb.* Tous les terreins et expositions.

Aubépine, *mespilus, oxyacantha.* Tous les terreins et expositions.

Aulne ou Vergne, *alnus.* Tous les terreins humides.

Azerole, *cratægus, azarolus.* Terreins sablonneux, au midi.

B

Baguenaudier, *colutea arborescens.* Bonne terre : toutes les expositions.

Bouleau, *betula.* Tous les terreins et expositions.

C

Cerisier, *cerasus.* Tous les terreins et expositions.

Charme, *carpinus betulus.* Terre sablonneuse grasse.

Chataignier, *fagus castanea.* Tous les terreins. Il s'accommode plus du froid que d'une forte chaleur.

Chêne, *quercus, ilex*. Terrein sablonneux gras, et assez tout terrein : s'il est trop humide, le bois a moins de qualité et plus d'obier.

Coignassier, *cydonia*. Bonne terre, légèrement humide.

Cormier ou Sorbier, *sorbus domestica*. Terrein sablonneux. Il brave les plus grands froids.

Cornouiller, *cornus mas*. Tous les terreins. Il aime la chaleur.

Cyprès, *cupressus semper virens*. Bonne terre, un peu sablonneuse. Il ne craint pas la chaleur, et vient bien à l'ombre.

Cytise, *cytisus supinus*. Terre sablonneuse; au midi.

E

Erable, *acer pseudo platanus*. Terre légère : toutes les expositions.

F

Figuier, *ficus carica*. Bonne terre, bien fumée; au midi, bien abrité.

Frêne, *fraxinus*. Bonne terre, humide : toutes les expositions.

H

Hêtre, *fagus*. Terre légère, sablonneuse, caillouteuse : toutes les expositions.

HOUX, *ilex aquifolium.* Bonne terre : toutes les expositions ; difficile à transplanter.

L

L'AURÉOLE, bois gentil, *daphne meserium.* Bonne terre, au levant.

LAURIER, *laurus nobilis.* Bonne terre : exposition du midi.

LILAS, *syringa vulgaris.* Toute terre.

M

MARONNIER, *æsculus hyppocastanum.* Terre sablonneuse grasse : toutes les expositions.

MÉLÈZE, *larix.* Il croît dans les pays où il est naturalisé, dans tous les terreins, et à toutes les expositions les plus élevées. Il veut, dans nos départements septentrionaux, une terre légère friable, et être abrité dans le début.

MERIZIER, *cerasus silvestris fructu nigro.* Tout terrein et toutes les expositions.

MICOCOULIER, *celtis australis.* Tout terrein, dans les départements méridionaux.

MURIER NOIR, *morus nigra.* Une très bonne terre, bien fumée : exposition du midi.

MURIER BLANC, *morus alba.* Toute terre, au midi.

N

NEFFLIER, *mespilus*. Bonne terre : toute exposition.

NOISETIER, *coryllus avelana*. Tout terrein.

NOYER, *juglans regia*. Toute terre, toute exposition.

O

OLIVIER, *olea Europea*. Terre sablonneuse. Il aime la chaleur.

ORME, *ulmus campestris*. Bon terrein : toute exposition. Il drageonne davantage dans les terreins sablonneux, si on lui coupe le pivot.

P

PAVIE, *persica fructu nucleo adherente*. Voyez *pêcher*.

PEUPLIER, *populus*. Terreins humides et sablonneux : toutes les expositions.

PIN, *pinus*. Voyez *mélèze*. Le pin maritime, quoique plus naturalisé en France, paraît plus difficile à transplanter que les autres, et exige plus de précautions et de soins.

PÊCHER, *persica*. Voyez *abricotier*.

PLATANE, *platanus*. Bonne terre, légèrement humide.

Poirier, *pyrus*. Tout terrein qui a du fond, et toute exposition.

Pommier, *malus, pyrus malus*. Tout terrein; mais il exige moins de fond. Il réussit bien dans les terres caillouteuses, et donne une meilleure boisson.

Prunier, *prunus padus*. Bonne terre, assez humide. Il drageonne trop dans les terres sablonneuses, surtout si on a supprimé son pivot.

R

Robinier. Voyez *acacia*.

S

Sapin, *abies*, Voyez *mélèze*.

Saule, *salix*. Voyez *aulne* ou *peuplier*.

Sophora. Sable gras, au midi.

Sorbier des oiseaux, *sorbus ancuparia*. Bonne terre : toute exposition.

Sycomorre, *pseudo platanus*. Voy. *érable*.

T

Tilleul, *tilia*. Bonne terre, légèrement sablonneuse et humide.

Tremble, *populus tremula*. Voyez *bouleau*.

Tulipier, *liriodendron tulipifera*. Bonne terre, humide, et abritée du nord.

V

Vernis du Japon (faux), *Aylanthus glandulosa*, *Rhus succedaneum*. Bonne terre, au midi.

CHAPITRE VI.

De la déplantation des arbres, et de leur transport.

(60) La prévoyante nature, en faisant germer une graine quelconque, commence par pousser au dehors la radicule dans la terre, et abrite dans des lobes qui s'entrouvent insensiblement, la petite plante ou la *plume*, qu'elle familiarise peu-à-peu au contact de l'air. Ces lobes, ramollis par la fermentation, servent de nourriture, tant à la plume, qu'à la radicule, jusqu'à ce que cette dernière aille puiser dans la terre les sucs qui doivent désormais pourvoir à son existence, et à celle de la tige.

(61) Dans plusieurs végétaux, cette radicule, lorsqu'elle n'éprouve aucun obstacle dans la terre, s'enfonce assez verticalement : on la nomme alors pivot. Lorsqu'elle ne

peut pas s'enfoncer librement, elle se divise en plusieurs racines pivotantes. Je citerai pour exemple l'amandier, etc. Dans d'autres semences, cette radicule, à une certaine profondeur, se divise en d'autres racines qui plongent moins dans la terre, qu'elles ne la labourent horizontalement. Plusieurs même ont des racines presque à la surface de la terre, qu'on appelle racines nageantes.

(62) Le pivot ne s'arrête à une certaine profondeur, que lorsqu'il ne peut plus percer une terre trop dure ou infertile. L'arbre alors pousse de ce pivot et de son tronc des racines latérales, indispensables pour sa nourriture.

(63) Distinguons dans un arbre le tronc qui est le point d'où partent les racines, pour s'enfoncer dans la terre, et la tige, pour s'élever dans l'air. Ce tronc est une espèce de filtre, par lequel commence à s'épurer la séve que la radicule transmet à la tige. On ne peut donc douter que la radicule et la tige n'aient entre elles une correspondance intime par l'intermédiaire du tronc.

(64) Comme la radicule a précédé le prolongement de la tige, de même les racines latérales que produit cette radicule, précè-

dent la formation et le développement des boutons qui naissent successivement sur les côtés de la tige, à proportion qu'elle s'étend. Il est prouvé que ces racines latérales ont une correspondance avec les boutons qui se sont formés, et les rameaux qui se développent. J'ai éprouvé souvent, qu'en coupant à de jeunes arbres les racines latérales, ces boutons avortaient, ou que leurs rameaux périssaient en peu de temps. J'ai vu aussi très-souvent (mais pas toujours) des racines latérales se dessécher, lorsqu'avec la serpette j'avais coupé les boutons et les rameaux à l'époque où la séve était en mouvement.

(65) Il est démontré que la séve a deux mouvements dans les arbres : l'un d'ascension, qui s'élève dans la tige et dans les branches ; l'autre mouvement de la séve est celui par lequel elle descend des branches dans la tige, et de là dans les racines. Il est facile de se convaincre de cette vérité, en faisant une entaille de 2 ou 4 millimètres (1 ou 2 pouces) de hauteur à un arbre qui est en séve. Les bords de l'entaille, supérieurs et inférieurs, se couvriront à l'instant de séve, et elle sera plus abondante dans la partie supérieure que dans la partie inférieure.

(66) Mais d'où vient cette sève descendante? des vapeurs que les feuilles, qu'on doit sous quelques rapports regarder comme les poumons des arbres, aspirent dans l'air. Veut-on se convaincre de cette vérité, d'où on peut tirer des conséquences très-utiles dans la pratique? qu'on considère ce qui s'est passé en l'an X et l'an XI, où la sécheresse, dont nous éprouvons encore en ce moment les plus fâcheux résultats, a été si extrême. Comment les arbres ont-ils pourvu à leur entretien, à leur végétation; surtout sur les routes et dans les forêts? Assurément dans celles de Compiègne, de Fontainebleau, de Sénard, dans le bois de Boulogne, etc., il y a tel et tel arbre à qui il a fallu, pendant l'été et l'automne derniers, cent fois plus d'humidité, qu'on en aurait tiré dans un alembic, de la terre qui entourait leurs racines.

Concluons donc 1.° que les branches, et les feuilles surtout, pourvoient, comme les racines, à la nourriture de l'arbre; 2.° que les racines sont les premières qui pourvoient à la nourriture de la tige, des branches, et provoquent leur développement.

(67) Puisque l'air, et les principes de vé-

gétation dont il est chargé, sont nécessaires à la prospérité des arbres, concluons que moins un arbre participera aux bienfaits de l'atmosphère, moins on doit s'attendre à le voir prospérer. C'est ce qui arrive assez souvent dans les pépinières où les arbres sont trop près. Lorsque, la seconde ou la troisième année, l'air n'a plus la liberté de circuler, les branches latérales s'étiolent, languissent, les arbres s'élancent dans l'air pour y aspirer leur nourriture, et acquièrent une élevation disproportionnée à leur grosseur. On croit la leur faire acquérir, en les arrêtant à une certaine hauteur; faible palliatif. La séve, par sa nature, suit la direction verticale, se porte à l'extrémité, se distribue en plusieurs branches qui affament la tige : elle ne peut pas prendre assez de diamètre.

(68) C'est une grande erreur de pratique, que de mettre trop près les arbres dans les pépinières, surtout ceux qu'on se propose d'y laisser six, sept et huit ans; tels que les ormeaux, les chênes, les hêtres, les charmes, etc. On sent que ces arbres ne peuvent que se nuire, et se ravir mutuellement une partie de leur nourriture.

(69) Je n'avais fait qu'indiquer ces vérités

dans mon Traité sur les pépinières; et des propriétaires, persuadés de la vérité de ces principes, m'ont fait l'honneur de m'écrire des environs de l'Aigle, d'Alençon, de Lisieux, de Compiègne, etc. qu'ils avaient dédoublé leurs pépinières et transporté les plants ailleurs.

(70) A l'inconvénient qu'éprouvent les arbres par la privation de la quantité des sucs végétaux qu'ils sont forcés de partager dans la terre avec leurs voisins, se joint celui de ne pas jouir librement des bienfaits de l'air atmosphérique qu'ils se disputent mutuellement entre eux.

(71) On éprouve un plus grand inconvénient encore, par la difficulté de les ôter de terre. Que fait-on alors? on les arrache; c'est-à-dire, on se contente d'ôter un peu de terre, sans éventer les racines de l'arbre voisin; et sans aucun ménagement, avec un instrument tranchant, on mutile, on casse ou on éclate les racines qui sont trop longues, ou qui opposent quelque résistance, ainsi que le pivot, ce précieux prolongement de la tige (61).

(72) Cette suppression du pivot est un des préjugés le plus funeste aux arbres, et malheureusement le plus enraciné parmi quel-

ques manouvriers, qui n'ont pas pu secouer encore le joug de la routine et de l'ignorance. Il met fort à leur aise beaucoup de marchands d'arbres, qui comptent sur le revenu de ceux qui sont à remplacer. On se sert même, avec quelque apparence de raison, du nom de notre illustre Duhamel, pour perpétuer et autoriser cette erreur; et un marchand d'arbres n'a pas manqué de me l'opposer, dans une satire pleine d'ignorance et de mauvaise foi, qu'il a dirigée contre mon ouvrage sur les arbres fruitiers pyramidaux. Je répondrai à cette objection, et à toutes celles qu'on m'a faites, dans un supplément à cet ouvrage, qui paraîtra incessamment. Je ne puis en ce moment, dans un Manuel purement pratique, qu'établir pour principe la nécessité de la conservation des racines et du pivot, pour la plus grande prospérité des arbres.

(73) Je me contente d'observer ici qu'il est des arbres qu'on ne saurait faire réussir, lorsque les racines et leur pivot sont offensés; tels que les cyprès, les pins maritimes, et assez généralement tous les arbres résineux ou conifères; les autres reprennent plus ou moins mal, suivant leur nature; et lorsqu'on m'objecte qu'il y a des arbres qui réussissent,

quoiqu'on ait coupé leur pivot et leurs grosses racines, je réponds qu'il y en a un très-grand nombre qui ne peuvent résister à cette mutilation. J'exhorte tous ceux qui sont dans cette erreur, de planter dans le même temps, avec un soin égal, dans le même terrein, deux arbres de même espèce, dont l'un ait les grosses racines et le pivot emportés, et l'autre les ait entières : qu'on compare ensuite leurs succès.

Puisqu'on cite des autorités pour justifier le préjugé barbare d'accourcir les racines et le pivot, je crois pouvoir en opposer deux bien respectables.

Olivier de Serres, dans son Théâtre d'agriculture, s'exprime ainsi : *Pour un préalable les arbres seront retirés de la terre et arrachés avec soin, à ce que toutes leurs racines en sortent saines et entières, s'il est possible; et pour ce faire, il ne faut épargner, ni la dépense, ni la peine requise, ni aussi la patience nécessaire à cette action, de peur que, par précipitation, les arbres mal arrachés se rendent inutiles.*

Il dit plus bas, en parlant des grands arbres à mettre en remplacement dans un verger : « Afin de corriger la défectuosité des « rangées, le moyen sera d'apprêter aux ar- « bres un logis grand et ample; c'est-à-dire,

« de creuser des fosses fort spacieuses, larges « et profondes, à ce que leurs racines puis- « sent s'y étendre à l'aise sans toucher la « terre dure, puis les étêter entièrement, « les déchargeant de toutes leurs branches; « *après, les arracher avec tant de patience,* « *qu'aucune racine ne s'en rompe, et avec icelles* « *les planter au lieu préparé.* On étendra aussi « avec patience les racines, comme elles « étaient en leur premier lieu, sans les for- « cer à autre assiette, ni aussi poser les ar- « bres plus ou moins profonds, ni en *autre* « *acpect du ciel* qu'ils étaient auparavant, « afin qu'ils se repreunent mieux et se res- « sentent moins du changement, que moins « vous aurez altéré leur naturelle habi- « tude, etc. » (*Théâtre d'agriculture, lieu* 6, *chap.* 19.)

L'autre autorité est prise de Royer Schabol, l'un des hommes le plus versé dans la connaissance théorique et pratique des arbres.

« Il faut ménager soigneusement les pi- « vots, bien loin de les couper en dessous près « du tronc, suivant la pratique ordinaire « des jardiniers. *Il est impossible que toute* « *plante pivotante, à qui l'on a supprimé son* « *pivot, croisse et se fortifie*, à moins que la

« perte n'en soit réparée de nouveau. Ceux « qui ont étudié la nature, ont vu qu'elle « reproduit un pivot et souvent plusieurs, « à nombre de plantes qui en ont été pri- » vées. . . . J'ai remarqué que les arbres frui- « tiers qui pivotent, ont toujours rapporté « les fruits les mieux nourris et les plus suc- « culents, et que les plus vigoureux qu'on « lève dans les pépinières, sont ceux qui ont « des pivots.

« J'ajoute que si l'on fouille au bout de « trois semaines à l'endroit de ces plaies con- « sidérables faites au tronc, on trouvera la « terre imbibée des pleurs qui en sortent « continuellement. On verra la chancissure « prendre à ces plaies, et des insectes, sur- « tout de petites fourmis jaunes, picoter leurs « lèvres dont ils empêchent la réunion. Par « elles, de gros vers entrent quelquefois dans « le tronc de l'arbre; et en montant toujours « vers la tige, ils la carient au point qu'il « meurt. *J'ai vu, à des arbres de vingt ans,* « *ces plaies non recouvertes encore, et le corps* « *ligneux devenu comme du terreau.*

« Ces observations ne s'accordent guères « avec le sentiment d'un naturaliste mo- « derne (Duhamel), qui recommande, dans « ses écrits, de retrancher le pivot des arbres,

« et de mutiler leurs racines. Suivant lui, on « ne risque rien en coupant, lors du labour, « les racines du blé, de la vigne et des ar- « bres. On leur rend même un grand service, « parce que, pour quelques suçoirs qu'on « leur ôte, il s'en forme une foule d'autres. »

Il faut planter les arbres avec toutes leurs racines, quand elles auraient une aune de long; c'est le moyen de leur faire pousser des jets vigoureux dès la première année, et de les voir tous formés à la seconde, etc. (*Pratique du Jardinage*, tom. 1, chap. 4.)

De pareils principes ne peuvent guère s'accorder avec la précipitation qu'on met à arracher les arbres, en coupant indistinctement tout ce qui résiste. Ils s'accorderont encore moins avec la censure d'un marchand d'arbres qui, dans un article qu'il a fait insérer dans les Annales de l'agriculture française, m'impute des erreurs *capitales*; de faire rétrograder la culture des arbres; de *sembler ignorer* que tout arbre *de semence* a un pivot; de *croire* que, sans racines pivotantes, pour correspondre au développement des tiges, les arbres périssent, etc. etc.

Qu'il ne triomphe ni s'impatiente pas de mon silence; il peut être sûr qu'il n'aura rien perdu pour attendre.

(74) Il serait donc essentiel, pour déplanter un arbre, d'ouvrir le trou de loin, de le faire assez profond pour atteindre aux racines et au pivot; mais le terrein des pépinières ne se prête pas à ces précautions, et les ouvriers, qui ont tant de monde à servir, n'en ont pas le temps.

(75) Le moyen le plus utile, et plus expéditif que celui qu'ils emploient, est de se servir d'un levier armé au bout d'une pointe de fer, de l'enfoncer sous le tronc, entre deux fortes racines, avec un gros maillet, dont on se sert ensuite pour point d'appui, en faisant ce qu'on appelle la *pesée* à l'autre extrémité du levier. L'arbre s'enlève aussitôt, sans qu'il se casse (ou du moins rarement) de racine essentielle. (Voyez *fig.* 1.) On commence par soulever le levier, et lorsque les racines ne résistent plus par devant, on place le levier comme point d'appui. J'en ai déplanté plusieurs l'année dernière, et celle-ci, quoique le terrein fut extrêmement sec; que doit-ce être, lorsque la terre est humectée ou imbibée de pluie?

(76) Si les arbres sont trop gros, ou opposent trop de résistance, on fait usage de deux leviers. J'ai fait arracher, l'année dernière,

une partie d'allée où les arbres avaient dix ans, et qui ne s'en sont pas ressentis. (Voyez *fig.* 2.)

(77) Si on ne peut pas passer le pieu entre les racines, on y fait passer une corde; le maillet sert de point d'appui à l'autre extrémité, et on soulève le levier. (Voyez *fig.* 3.)

(78) Si l'arbre résiste, on attache l'extrémité de la corde à un cric qui doit poser dans le trou sur une planche ou du bois. Trois ou quatre tours suffisent pour enlever l'arbre, quand même il opposerait une résistance de trois ou quatre milliers. (Voyez *fig.* 4.)

On juge, sans que je le dise, qu'il faut avant dégarnir le tronc de l'arbre, de la terre qui l'entoure, et éviter que le cric n'appuie sur les racines. Souvent, au lieu de passer la corde entre les racines sous le tronc, il suffit de l'attacher autour du tronc, en faisant une bride qui ne glisse pas.

CHAPITRE VII.

Des précautions à prendre après que les Arbres ont été déplantés, et de leur transplantation.

(79) La terre végétale est aussi nécessaire aux arbres, que l'eau naturelle l'est aux poissons, et l'air atmosphérique aux hommes. Moins donc les arbres sont séparés de leur élément naturel, moins ils sont exposés aux accidents inséparables de cette séparation. Il y a donc un très-grand avantage de replanter le plus tôt possible les arbres dans la terre dont ils sont privés. Heureux alors le propriétaire ou le planteur qui a sous sa main, ou à sa portée, les arbres qu'il doit transplanter !

(80) Ordinairement, lorsqu'on les a arrachés dans la pépinière, on les laisse à terre; souvent on les lie, et on les transporte à des distances considérables, sans les garantir du contact de l'air. Il en résulte une déperdition considérable de cette humidité végétale qui nourrit les racines, et qui est bientôt absorbée, surtout dans celles qui sont petites.

(81) Cette évaporation se fait avec d'autant plus d'abondance, que le soleil, ou un vent desséchant, exerce davantage son action sur les racines.

(82) L'inconvénient est encore plus fâcheux, lorsque les racines sont exposées à une forte gelée, ou à un froid très-rigoureux. Sur 480 érables qu'on eut l'imprévoyance de laisser deux jours exposés au froid l'hiver dernier, il n'en a réussi médiocrement que cinquante-sept.

(83) Tout propriétaire, ou tout entrepreneur est intéressé à ne prendre des arbres pour replanter, qu'à fur et mesure que le besoin l'indiquera; et s'il en a davantage qu'il n'en peut employer, il doit les conserver avec les précautions que j'indiquerai plus bas.

(84) Nous avons vu que dans la formation d'un arbre, la nature commençoit à former les racines, pour pourvoir à la formation de la tige. L'arbre à transplanter peut être considéré, sous quelques rapports, comme s'il avait une nouvelle carrière à parcourir. Il faut donc qu'il trouve dans les racines, les secours nécessaires pour la vie de la tige.

Pour produire cet effet, il faut que les racines aient le temps de s'étendre, de se pourvoir des principes végétaux, afin qu'elles les distribuent à la tige dans une proportion convenable. Mais si la tige est trop forte, ou a trop de branches, il est impossible, du moins pour certains arbres, que les racines puissent pourvoir à leur entretien, et à celui de la totalité de la tige. Cette considération a porté à étêter ceux des arbres à qui l'on pouvait faire sans inconvénient cette suppression, afin que les racines puissent leur transmettre une quantité suffisante de séve sans s'épuiser. Plantez un pêcher, un poirier, un pommier, avec toutes leurs branches; plantez des arbres semblables en ne leur laissant que la tige : les premiers languiront, végéteront, périront peut-être; les autres, au retour de la séve, feront partir des boutons qu'on leur aura laissé, ou de leur écorce, des rameaux vivaces qui donneront l'espoir d'élever des arbres vigoureux.

(85) A ce principe, si utile dans la pratique, ajoutons-en un autre qui ne l'est pas moins. J'ai dit plus haut, et toutes les observations tendent à le démontrer, qu'il existe une cause qui fait toujours monter la

séve des racines à l'extrémité de la tige et des branches. Otez un arbre de terre, ses racines mourront avant la tige et avant les branches. Nous avons donc un grand intérêt d'empêcher que les racines ne s'épuisent dans un arbre déplanté, et que la séve ne se porte pas inutilement dans des branches, et à l'extrémité d'une tige qu'on doit supprimer à l'époque de la plantation. Donc, il y a un grand avantage, pour prévenir cet épuisement des racines, de supprimer de l'arbre, en le déplantant, tout ce qu'il faudra en ôter au moment où on le transplantera.

(86) Tout le monde trouvera son compte à cette suppression. Le propriétaire recevra des arbres moins fatigués; le marchand, qui est souvent obligé de les rendre à leur destination, les ouvriers, qui sont obligés de les porter sur leurs épaules, en allégeront le poids, pourront les lier plus facilement, et trouveront un profit dans le bois qu'on supprimera.

(87) Je sens bien qu'un marchand n'oserait faire un envoi d'arbres arrangés ainsi; mais c'est au propriétaire à s'éclairer sur ses intérêts, et à demander que les arbres sortent de la pépinière, tels qu'on doit les transplanter.

J'avoue que je vois toujours avec regret envoyer à soixante, cent, deux cents lieues, même en Russie ou dans les îles, des arbres avec toutes leurs branches. J'en ai fait partir l'année dernière, pour plusieurs endroits, que j'avais *habillés* comme je viens de le dire. J'avais mis à l'extrémité de la tige un englument pour empêcher l'évaporation de la séve; ces arbres, plantés d'après les principes que j'exposerai plus bas, ont donné, à ce qu'on m'assure, des rameaux *étonnants.*

(88) J'ai donné la recette de cet englument dans mon *Traité complet sur les pépinières :* je crois devoir la consigner ici, en faveur de ceux qui n'ont pas cet ouvrage.

Prenez deux cent quarante-cinq grammes (demi livre) de poix résine, autant de poix noire; faites-les fondre; ajoutez-y la même quantité d'huile de noix ou autre; réduisez à un tiers; jetez sur ces matières une forte poignée de cendres tamisées; mêlez-les bien, en remuant. On fait fondre cette préparation dans un vase de terre, et on l'applique chaude, avec un pinceau, sur toutes les plaies qu'on fait à un arbre, soit en l'étêtant ou en l'ébranchant, etc.

Il ne s'y fait plus aucune évaporation de

séve, parce qu'elle est retenue par ces corps gras. Je m'en suis servi le printemps dernier, pour couvrir la plaie des arbres que j'avais greffés en fente, et je puis assurer que les pousses ont été bien plus vigoureuses, que sur les sujets qu'on avait enveloppés avec la poupée d'argile.

J'ai guéri, avec cet englument, un abricotier et des pêchers auxquels le suintement de la gomme avait fait des chancres considérables. Je me propose de rendre compte de plusieurs expériences que j'ai tentées avec cet englument, sur des plaies faites à des arbres, ou pour les rapprocher et les rajeunir.

J'avertis, au reste, qu'il faut être très-vigilant, lorsque ces matières, très-inflammables, commencent à bouillir. Elles se dilatent beaucoup, débordent promptement le vase. On ne pourrait en éteindre le feu s'il y prenait, et il pourrait en résulter du danger. Le plus sûr est de faire cette préparation à l'air, ou dans un endroit élevé, ou dans une cheminée.

Au reste, lorsqu'on veut se servir de cet englument, il faut le faire fondre, ou le mettre dans de l'eau bouillante, pour pouvoir l'appliquer avec un pinceau. Il est inutile d'en mettre beaucoup. Il suffit que la plaie soit couverte. Je l'ai appliqué presque bouillante sans le plus léger inconvénient.

(89) Puisque le contact de l'air est préjudiciable aux racines, je conseille de les faire aussitôt recouvrir de terre, jusqu'au moment de les emballer. On doit avoir toujours la précaution, en supprimant les branches inutiles, et en les mettant dans le même état où elles doivent être à leur transplantation, de laisser, si on plante en automne, soit aux branches, soit à la tige, trois ou quatre yeux de plus qu'on n'en laisserait au printemps, de crainte que la gelée n'attaquât leur extrémité. Au retour de la séve, on supprime ce qui est excédent.

(90) Ces réflexions font sentir la nécessité de bien emballer les arbres, ou du moins de couvrir leurs racines de litière, ou de tout autre objet, surtout s'il faut les transplanter loin, quelquefois à des distances considérables, et principalement si le temps est trop froid ou trop sec.

Un propriétaire se plaignait devant moi de ce que son jardinier lui emmenait, par un vent assez vif, une charretée d'arbres sans être couverts. « Ils n'en mourront pas, ré-« pondit le jardinier. — Ils n'en seront pas

« plus vigoureux, dit le maître; aurais-tu « voulu faire le chemin en chemise et à jeun? » Il y avait, sans doute, beaucoup d'exagération dans une pareille comparaison; mais elle était plus juste, sous quelques rapports, que ne le croyait son jardinier.

(91) Les chartreux de Paris qui, depuis très-longtemps, justifiaient la grande réputation dont ils jouissaient, pour la fourniture des arbres, portaient l'attention jusqu'à faire ramasser une grande quantité de mousse pendant l'été. Lorsqu'on avait lié un paquet d'arbres, ils faisaient garnir de cette mousse alors humide, tous les intervalles qui se trouvaient entre les racines. On les entourait ensuite d'une forte quantité de paille. Il était bien rare qu'ils se ressentissent du froid, ou que les racines fussent éventées. S'agissait-il de longs trajets? lorsque les propriétaires en voulaient faire les frais, on les faisait encaisser. Ils en ont souvent envoyé de cette manière en Allemagne, en Russie, et même dans les îles. Moyennant l'adresse et les précautions avec lesquelles on les emballait, ces arbres arrivaient à quatre cents, à deux mille lieues quelquefois plus frais que ceux qu'on transporte à quinze ou vingt. Quelques pépiniéristes ont imité l'exemple qu'ils ont

donné à cet égard, et envoient de cette manière, au loin, des arbres qui arrivent aussi sains qu'ils peuvent l'être.

Si les arbres ne sont pas emballés, on ne saurait, dans le transport, prendre assez de précautions pour empêcher que les racines, les tiges et les branches ne se cassent; qu'ils ne soient pas exposés aux rigueurs de l'atmosphère, si le temps est froid, et au hâle, si le vent est violent.

CHAPITRE VIII.

Suite des précautions à prendre, et de la plantation des arbres.

(92) Lorsque les arbres, ou toute espèce de plant, sont arrivés à leur destination, le premier soin qu'on doit avoir, est de faire ouvrir une tranchée, suffisamment profonde, et de couvrir leurs racines d'une terre humide. Si on voit que les racines sont sèches, ridées, il est plus avantageux de les mettre dans une marre ou un bassin, et de les y laisser tremper quelques heures, mais pas trop longtemps, ni surtout jusqu'au moment de les planter, comme le font quelques prati-

ciens. La raison en est, que, si les racines sont trop abreuvées d'eau, elles n'ont plus ensuite, pendant quelques jours, lorsqu'elles sont dans la terre, cette force de succion nécessaire pour aspirer les sucs végétaux. Plusieurs expériences m'ont convaincu qu'il vaut mieux qu'elles soient un peu affamées (si je puis m'exprimer ainsi) que trop saturées.

(93) J'ai vu des personnes couper toutes les racines qui paraissaient ridées ou sèches, sous prétexte qu'elles étaient mortes : elles se sont convaincues, dans la suite, qu'elles étaient dans l'erreur, lorsqu'elles ont vu ces mêmes racines reprendre leur vie et leur fraîcheur, surtout dans un eau dégourdie, dans laquelle on avait délayé un peu de crottin de cheval ou de la fiente de pigeon, avec une poignée de chaux vive, sur quarante litres d'eau (environ quarante-deux pintes). On coupe, sans aucun ménagement, les racines qui ont été gêlées. Je crois qu'il n'est pas inutile de consigner ici les expériences que j'ai faites à cet égard.

(94) En 1784, je fis déplanter plusieurs arbres, que je me proposais de faire planter le lendemain. Il survint dans la nuit un vent du nord, qui fit baisser le thermomètre à

4 degrés au-dessous de la glace. Huit arbres qu'on n'avait pas abrités, furent exposés au froid. Je les fis mettre sous un hangard, sans autre précaution que de les garantir des rayons du soleil. Trois jours après, les racines glacées se cassèrent comme du bois sec. J'en plantai deux tels qu'ils étaient; j'en fis tremper quatre, pendant environ six heures, dans une dissolution tiède de crottin à la chaleur d'environ 30 degrés; j'en fis tremper deux autres dans une marre, dont la surface était couverte de glace d'environ un pouce d'épaisseur. Ces deux derniers réussirent médiocrement; les autres ne donnèrent aucun signe de végétation, et j'attribuai leur perte au passage subit qu'ils avaient éprouvé d'un froid de 4 degrés, à une température pour les uns de 30 degrés de chaleur, pour les autres de 12, que pouvait avoir la terre dans laquelle je les avais mis, après avoir entouré la tige d'une couche assez épaisse de fumier chaud, recouvert d'une terre bien humectée. Ceux qui ont réussi avaient été rappelés graduellement à la vie. C'est ainsi que lorsqu'un homme qui a été exposé à un froid violent, se trouve avoir quelque membre gelé, on commence à le frotter avec de la glace, de la neige, des eaux froides, desquelles il

éprouve une sensation relative de chaleur, qu'on augmente insensiblement, jusqu'à ce que le mouvement se rétablisse. Si on le baignait dans de l'eau qui nous paraîtrait médiocrement tiède, elle ferait sur lui l'impression que nous éprouverions de l'eau bouillante. J'ai vu une fille d'environ onze ans, qui avait eu un pied gelé, on eut l'imprévoyance de l'entourer avec des linges très-chauds; il fallut lui couper deux doigts attaqués de la gangrenne.

CHAPITRE IX.

De la plantation.

(95) Avant de porter les arbres au lieu de la plantation, il faut avoir rempli, du moins en très-grande partie, les trous. Bien des personnes se contentent de mêler les différentes terres qu'elles en ont tirées, et elles plantent ensuite. Cette pratique ne peut avoir qu'un très-médiocre succès, à moins qu'on ne plante dans une terre de fond, et reconnue pour être bien végétale. Il vaut bien mieux laisser de côté celle qui ne l'est pas, ou qui ne l'est que très-peu, et en employer

une qui puisse mieux remplir l'objet qu'on se propose.

(96) On supplée à son infertilité, en remplissant le fond du trou, avec des gazons, des plâtras écrasés, des raclures de basse-cour, des feuilles, des curages de marres et de fossés, qui ont été exposés un an à l'air, et retournés à plusieurs reprises. Si on n'est pas assez heureux pour s'en procurer, il faut le remplir, autant qu'il est possible, de la surface de la terre voisine du trou, qui contient du moins plus de principes de végétation (15).

(97) Si le fond du trou est une terre purement sablonneuse, on peut y mettre environ 6 pouces (16 décimètres) d'argile, pour empêcher le trop prompt écoulement de l'eau (8).

(98) Si, au contraire, le fond est trop argileux, ou glaiseux, ou de tuf, et ne permet pas à l'eau de s'infiltrer (7), il faut, après avoir creusé plus profondément, remplir le fond du trou de gravois, et à défaut, de pierrailles, de sable, de fagots bien tassés, qui, mêlés avec la terre, laissent passer l'eau, et, en se pourrissant, aident beaucoup à la

végétation, lorsque les racines parviennent à cette profondeur.

(99) La terre sur laquelle on doit placer les racines, doit être toujours la meilleure, ainsi que celle qu'on se propose de mettre au-dessus.

(100) Je crois qu'il est très-avantageux, autant qu'il est possible, d'orienter l'arbre (73); c'est-à-dire, de lui donner la même exposition qu'il avait dans la pépinière; ce qui est très praticable dans presque toutes les plantations, excepté lorsqu'on plante des arbres en espalier le long des murs. Quelques personnes regardent cette recherche comme inutile, d'après le sentiment de quelques auteurs; d'autres, au contraire, étayent leur opinion du sentiment de plusieurs bons agriculteurs et de leur propre expérience. Un propriétaire qui tient fortement à cette pratique, m'a assuré, il n'y a pas long-temps, que, sur un grand nombre d'arbres qu'il avait plantés l'année dernière, tous ceux qui ont été orientés avaient généralement réussi; que le plus grand nombre des autres qui ne l'avaient pas été, avaient péri. Je crois qu'on peut répondre aux antagonistes de cette pratique : vous êtes dans

l'opinion qu'elle est inutile; d'autres sont persuadés du contraire; il n'en coûte pas davantage de placer un arbre d'une manière que d'une autre. Dans l'incertitude, orientons-le.

(101) Il faut avoir l'attention de bien placer les racines, sans contrainte et sans violence, dans leur direction naturelle, autant qu'il est possible.

(102) Il est cependant des cas où on doit s'éloigner de cette règle. Plusieurs arbres ont un pivot ou des racines pivotantes. Que font beaucoup de planteurs? Ils les raccourcissent, ou les coupent près du tronc, en prétendant qu'il se fera plusieurs enbranchements de racines, des espèces de chicots qui restent. Qu'en arrive-t-il? Avant que la nature puisse se livrer à ce travail, l'arbre privé du secours qu'il devait attendre de ses racines et de son pivot, languit, et est incapable de résister à une crise aussi violente. Je le répette, si les racines sont les agents établis par la nature, pour aspirer, digérer les sucs végétaux qu'elles transmettent à la tige et aux branches, moins il y en a, moins elles peuvent leur transmettre ces secours.

(103) Que faut-il donc faire? Laisser les

racines et le pivot dans tout leur entier, sans les écourter en aucune manière, comme le font tant de manouvriers, sous prétexte de les *rafraîchir*. Au lieu de les enterrer dans toute leur longueur, parce qu'elles ne trouveraient pas assez de sucs végétaux, à une trop grande profondeur, il faut les plier horizontalement, ainsi que le pivot, et leur donner presque la direction des racines nageantes.

(104) Lorsqu'on veut faire bien enraciner des boutures, on les coude. Pour faire des bonnes marcottes, on enfonce dans la terre les rameaux qui partent du tronc, et on les relève de manière qu'ils forment un arc. Où naissent principalement les racines? A la courbure, que des praticiens appellent l'*anse à panier*. A ce point-là, la séve plus gênée, cherche à se faire un passage, forme des mamelons, fait épanouir des boutons dans la terre, où leurs rameaux deviennent des racines. La même chose arrive en coudant principalement le pivot, en donnant une courbure aux racines qui ont une direction pivotante, et en dirigeant leur extrémité pour en faire des racines nageantes. La séve dont s'imbibe la partie du pivot et des racines que vous avez plié, y éprouve les

mêmes difficultés que dans les marcottes. Elle doit donc avoir les mêmes résultats. Vous ne les obtiendrez jamais en accourcissant le pivot et les racines, puisque vous supprimez la cause qui peut produire ces résultats.

(105) Ces vérités sont si simples, si fort à la portée de la plus faible intelligence, que je suis toujours étonné qu'un préjugé barbare, une routine stupide, perpétuent la fureur d'accourcir, de mutiler les pivots et les racines, et de diminuer dans les arbres les moyens de végétation et de vie. S'ils sont aussi longtemps à se former, ou à nous donner des fruits; s'il en est tant de languissants, et qui ne fourniront qu'une courte et inutile carrière; s'il en périt tous les ans des millions, c'est, en grande partie, à cette pratique funeste que nous devons d'aussi tristes résultats. Que ne puis je faire entendre à tous les propriétaires ces utiles paroles: Eclairez-vous enfin sur vos intérêts! Que ne puis-je les liguer tous contre un système qui frappe de stérilité ou de mort une partie de leurs plantations! Il serait digne des sociétés d'agriculture de donner aux agriculteurs une direction constamment utile vers un objet aussi important. Il ne le serait pas moins des préfets des départements, d'encourager,

autant, par des gratifications proportionnées, le succès des plantations faites dans de bons principes, qu'ils mettent de l'empressement à les exciter.

(106) Ah! si j'étais assez heureux pour que ma faible voix pût se faire entendre des chefs du gouvernement! Si jamais mes vœux, mes efforts pour me rendre utile, pouvaient me mériter le seul prix que j'ambitionne, un peu de confiance de leur part, je leur dirais : Vous avez non-seulement prévenu la ruine de la France, mais en l'élevant, comme par un prodige, au premier rang des nations, vous n'avez été étrangers à aucun bien, ni à aucune gloire. C'est de ces arbres antiques que nous ont transmis nos ancêtres, que vous avez formé ces nombreux bâtiments qui vont humilier le tyran des mers, et assurer la liberté de tous les peuples de la terre. Vous desirez remplir le vide immense que l'amour du bien général des nations a occasionné; il vous reste à offrir à la postérité des arbres qui attesteront aux générations, et vos bienfaits, et notre reconnaissance. En la partageant, elles inscriront vos noms parmi les bienfaiteurs de la patrie; mais ordonnez qu'on plante utilement, et avec succès. Il ne nous reste presque plus

rien des belles plantations que fit faire Sully, sous un roi citoyen. La tradition des bons principes d'Olivier de Serres, a été presque perdue avec ce grand homme. Bien loin de se perfectionner, ses principes sont tombés en désuétude vers le milieu du règne de Louis XIV.

Il est digne de votre sagesse, de votre zèle pour la prospérité publique, de faire revivre cette utile pratique, qui devait rendre les arbres presque immortels. A la vue des dissentiments sur l'art si nécessaire de planter, consacrez un terrein ; ordonnez des expériences publiques ; qu'on essaie de toutes les méthodes sur les différentes espèces d'arbres ; que tout le monde soit autorisé à offrir le tribut de ses lumières et de son expérience ; qu'on compare, qu'on apprécie les résultats, qu'on adopte, qu'on annonce, qu'on répande de tous côtés celui qui aura eu le plus de succès, et vous aurez, à bien peu de frais, rendu à l'agriculture française et à l'Europe, le service le plus signalé.

En 1768, le ci-devant comte de Saint-Priest, alors intendant du Languedoc, voulut favoriser la culture du mûrier blanc, pour augmenter le produit de la soie. Il rendit une ordonnance par laquelle il accordait dix sols en exemption de taille, pour chaque mûrier qui serait planté dans les champs le long des routes. Celles des environs de Toulouse, Lavaur, Castelnaudari, Castres, etc. où l'on cultivait peu ces arbres, en furent bordées, et il s'y établit un très grand commerce de cocons, quinze ans après Il n'y a que l'autorité administrative qui puisse donner une pareille impulsion.

(107) Je m'empresse de répondre à une objection qu'on ne manquerait pas de renouveler : d'après vos principes, dira-t on, sur la courbure des racines et la *coudure* du pivot, il s'en suivrait qu'il y aurait de l'avantage à couder indistinctement toutes les racines pour en augmenter le nombre.

J'observe d'abord que je n'ai parlé que des racines pivotantes, et je ne dois pas même négliger de dire que, dans la première année, les pousses des arbres que je traitais ainsi, ne me paraissaient pas aussi vigoureuses, que celles des autres arbres qui n'étaient point coudés ; mais dès le retour de la séve d'août, l'éruption et la pousse des rameaux étaient bien plus vigoureuses, et cette vigueur devenait comparativement plus sensible dans les années suivantes. Le grand intérêt de tout propriétaire, est que l'arbre forme bien ses racines, la première année; plus elles se fortifieront, plus le succès de l'arbre est assuré.

(108) Mais lorsque l'arbre est bien garni de racines nageantes, lorsqu'elles sont entières et bien distribuées, il y aurait une exagération de principes, que de chercher à lui en faire acquérir un plus grand nombre. Il vaut autant laisser à la séve sa liberté, pour pousser des rameaux vigoureux qui commencent à réaliser, dès le début de la plantation, l'espoir de son maître; mais si un arbre a des racines rares ou mal placées, je crois qu'il peut être utile de les couder. Je n'ai pas assez constamment suivi cette expérience pour donner quelques assurances sur son degré d'utilité; mais en voici une que j'ai faite. En 1790, je voulais planter un pommier qui n'avait que trois racines assez fortes, et dirigées vers le même côté. Je coudai, autant qu'il me fut possible, les deux racines latérales, et les assujettis dans une position opposée, avec de petits bâtons fichés en terre, ayant la précaution de mettre entre ces bâtons un petit tampon de paille, pour que les racines ne s'écorchassent pas. Deux ans après, il y avait beaucoup de racines du côté qui en aurait été dépourvu. Cet arbre

promettait beaucoup, lorsqu'il a cessé de m'appartenir.

Je présume qu'en pareille circonstance, il ne serait pas impossible, qu'avec du soin et de l'intelligence, on pût faire naître artificiellement des racines, du bas du tronc, ou en greffer, soit en écusson, soit autrement, sur les racines existantes; mais je n'ai pas donné une suite nécessaire à ces expériences, qui peuvent, dans les mains d'un homme qui aurait le talent qui me manque, devenir aussi curieuses qu'utiles.

(109) Lorsque l'arbre est placé dans une direction convenable, et que ses racines sont bien distribuées et arrangées, il faut répandre légèrement, et peu-à-peu, de la terre bien émiettée, pour qu'elle s'écoule au dessous et entre les racines. S'il y a engorgement, on donne des petites secousses à l'arbre, en le soulevant, et la terre descend peu-à-peu. Lorsque les racines sont couvertes jusqu'à la greffe, on sent bien que la terre n'est rien moins que tassée. Alors on ne soulève plus la tige, parce que l'arbre finirait par se trouver trop haut. Il faut alors sans déranger les racines, tourner légèrement la tige à plusieurs reprises. La terre descend aussitôt, et

continue de garnir les vides qui peuvent se trouver entre les racines.

On met ensuite la terre des bords dans le trou, en commençant par garnir ses angles, et de manière qu'elle s'élève, comme si elle formait une espèce de cuvette autour de l'arbre, à une distance de 24 centimètres (environ 9 pouces). Je fais remplir cette cuvette de la meilleure terre, et, de préférence, de terreau, si on peut l'avoir; une brouettée suffit pour quatre, cinq ou six trous; on arrose vers la tige; on la tourne circulairement, et cette terre ainsi dissoute, descend le long du tronc et des racines. Pour faire pénétrer l'eau, on s'aide d'une fourche de fer à trois dents, qui, en perçant et soulevant la terre à plusieurs reprises, fait descendre l'eau qui tasse la terre, et l'attache aux racines. Je fais ensuite couvrir cette terre, ainsi mouillée, d'une légère quantité de fumier chaud, peu consommé, qui, outre les principes de végétation qu'il dépose dans la terre, la garantit du hâle, conserve une fraîcheur favorable aux racines, et excite ou augmente une fermentation qui provoque bientôt la naissance du chevelu. Par-là, lorsque le froid s'oppose à toute végétation extérieure, dans le sein de la terre, les racines, à l'abri des frimats, travaillent en silence aux moyens de procurer à la tige les secours qu'elle attend, pour prendre une nouvelle vie au printemps.

Il ne faut pas manquer de couvrir ce fumier de deux pouces de terre, pour qu'il puisse fermenter plus facilement.

(110) Au lieu de terreau, il est plus avantageux pour les arbres qui l'exigent, tels que les arbres verds, et les arbres difficiles à la reprise, d'employer de la terre de bruyère, dans laquelle ils ont été semés ou élevés.

(111) Beaucoup de personnes, celles qui cultivent principalement les plantes résineuses et exotiques, parlent beaucoup de terre de bruyère, et, dans le fait, bien peu de monde en a.

On appelle terre de bruyère, la légère surface d'un terrein ordinairement sablonneux et infertile. La décomposition de ces bruyères ou de leurs feuilles, du peu d'herbe qui est sur cette terre, y forme une couche végétale, plus ou moins épaisse, qu'on enlève, qu'on met en tas, pour la faire fermenter, et cette terre est très-utile à la végétation, surtout pour faciliter la naissance de la radicule et des racines qui la percent facilement.

(112) Au défaut de cette terre, qui n'est pas assez commune, et assez à proximité pour les besoins de tous ceux qui l'emploient, on prend dans les bois et les forêts la surface de la terre, qui n'est qu'une décomposition lente des feuilles, des petites racines, de morceaux de bois, et on l'emploie de la même manière, et presque avec autant de succès.

(113) Cette terre peut être suppléée sous bien des rapports, par la décomposition des feuilles des végétaux qui ont été réduits dans l'état de terreau, par la fermentation, et on peut l'employer pour les arbres dont je viens de parler.

On étête, si on ne l'a déja fait, les arbres en espalier à environ 18 à 20 centimètres (7 à 8 pouces); les demi-tiges, et les arbres fruitiers à plein-vent, à une hauteur convenable. On dirige ces derniers sur deux ou trois branches latérales, à qui on ne laisse que trois yeux. S'il a une branche verticale, on supprime toutes les branches latérales, et on ne laisse à la tige que trois ou quatre yeux.

(114) Pour empêcher l'effet du froid et le suintement du peu de séve qui peut circuler, il est nécessaire de recouvrir la plaie avec de la bouze de vache mêlée d'argile, ou en appliquant avec le pinceau la composition que j'ai indiquée (88), et qui m'a constamment mieux réussi que toute autre. Sans cette précaution, le froid durcit, fait périr la surface du bois et de l'écorce, et le recouvrement se fait avec plus de difficulté.

(115) L'avantage qu'il y a de planter utilement avec une terre bien émiettée, est bien fait pour éclairer ceux qui se permettent d'ouvrir des trous, et de planter après qu'il a plu, et lorsque la terre est bien mouillée. On ne peut alors entourer les racines, qu'avec des glèbes compactes, qu'on ne peut jamais diviser assez pour les faire glisser au dessous, ou entre les racines. Il reste donc des intervalles par lesquels elles s'éventent, lors même qu'elles sont privées des secours qu'elles peuvent retirer de la terre qui doit servir à leur nourriture. On croit y suppléer et remplir ces vides en piétinant la terre, sous prétexte de la faire glisser sous les racines; on ne fait qu'augmenter le mal, en

la rendant plus compacte, moins pénétrable au chevelu que produisent les différents mamelons qui sortent des racines.

Il est donc préférable à tout égard d'attendre que la terre soit bien essorée ; et si les circonstances, ou la continuité de la pluie et des brouillards ne permet pas ce délai, il n'y a d'autre moyen que d'arroser de manière que cette terre soit délayée sous une forme presque fluide, comme si c'était de la boue : on est sûr alors que la terre s'unit intimement aux racines. L'eau dont elle est imbibée se filtre ou s'évapore insensiblement, et laisse des petits vides par lesquels le chevelu peut pénétrer et s'étendre.

(116) Je viens de faire connaître l'abus du trépignement, en ce qu'il scèle la terre. Il a en outre le grave inconvénient de casser souvent les racines, de leur faire prendre une fausse direction, de les enfoncer, et d'opposer des obstacles à la circulation de la séve.

(117) Il est essentiel de donner aux arbres à haute tige, et particulièrement aux arbres fruitiers, des tuteurs droits auxquels on les attache, pour leur faire prendre une bonne direction, et pour empêcher qu'ils ne soient

agités par le vent. Ce sont des frais dont on est bientôt dédommagé.

Sans cette précaution, les vents les agitent dans tous les sens ; la terre, dans laquelle ils sont plantés, cède à ses efforts ; le mouvement se communique jusqu'aux racines, qui n'ont plus assez de facilité pour bien former le chevelu. D'ailleurs, le froid pénètre par l'ouverture qui se fait nécessairement autour de la tige ; les neiges et les frimats s'y insinuent; l'arbre penche vers le point opposé à celui d'où souffle le vent, et on a, si on n'y remédie au commencement, bien de la peine à lui donner une direction convenable. Il résulte de cette fausse direction, que la séve circule plus difficilement dans cet arbre; car, il ne faut jamais perdre de vue que la séve (à moins d'une exception particulière) circule avec plus de force dans un canal vertical, que dans celui qui est oblique.

(118) La nécessité de supprimer une partie de la tige dans les arbres qu'on destine pour faire des espaliers, ou pour des plein-vents, est bien faite pour éclairer ceux qui veulent planter des arbres fruitiers pyramidaux tout formés. J'ai bien de la peine de revenir de ma surprise, lorsque je vois

des propriétaires qui en plantent tous les ans de cette manière, sans aucun succès, s'aveugler assez pour se ménager, en en plantant encore, de nouveaux regrets. Sur peut être deux cents que je vis, il y a trois jours, et qu'on planta l'année dernière, je doute qu'il y en ait plus de trois sur lesquels on puisse fonder des espérances raisonnables. Une quenouille plantée avec toutes ses branches, et d'après la pratique commune, me paraît un phénomène prodigieusement rare auquel on doit peu s'attendre.

(119) Mais pour faciliter la formation des racines, faut-il étêter tous les arbres? Voilà une difficulté très-importante à résoudre.

1.° Il est des arbres qui, par leur nature, n'ont pas une transpiration aussi abondante que d'autres, et à qui il faut moins de séve; tels sont les arbres résineux et autres arbres verds, dont on ne coupe jamais le sommet, ni même les branches, impunément. Les exceptions qu'on peut offrir à cet égard, même en citant l'exemple de quelques gros arbres, ne sauraient prévaloir contre ce principe; aussi ces arbres ont-ils besoin de toutes leurs racines. Il est bien rare qu'ils n'en meurent, si on supprime, ou si on écourte leurs racines. Si on coupe l'extrémité de celles du cyprès, qui se termine par un point noir, s'il ne périt pas, il cesse de croître dans sa tige et dans ses racines. Je n'ai jamais vu réussir le pin maritime, lorsque ses racines étaient offensées. Le pin du lord paraît en général plus robuste; mais j'en ai vu périr sept cette année, qui n'avaient que cinq ans, quoiqu'on les eût plantés avec le plus grand soin; mais on n'en avait pas pris assez pour la conservation de leurs racines au *déplantage*.

2.° Il est d'autres arbres que la nature a destinés à filer, et dont la beauté et le prix sont dans la longueur et le diamètre proportionné qu'ils acquièrent.

Dans le nombre de ces arbres, il en est qui prennent de bouture, parce que leur bois tendre et spongieux suçant une grande quantité de séve, donne aux racines plus de facilité de se former promptement; telles sont toutes les espèces de peupliers, les platanes, les sycomores qu'on plante dans toute leur longueur. On se contente de laisser dans le corps de la tige des branches latérales, pour intercepter une partie de la séve, qui ne manquerait pas de se porter à l'extrémïté d'une tige qui se courberait nécessairement sous le poids; de cette séve, devenue trop abondante.

Il est d'autres arbres qui, encore jeunes, ont beaucoup de moëlle, et qu'on ferait périr, ou qui végéteraient, si on les étêtait; tels sont le frêne, le noyer, le maronnier d'Inde, etc.

3.° Il en est d'autres enfin, tels que le chêne, le sorbier champêtre ou le cormier, qui, quoique d'un bois très dur, ne deviendraient jamais des arbres de prix, si on les étêtait; mais il faut observer qu'ils demandent, soit dans leur plantation, soit après, une plus grande recherche de soins.

Je crois devoir répéter ici ce que j'ai déja dit de l'orme : je suis convaincu, d'après une expérience soutenue, qu'on doit le compter dans le nombre des arbres qu'on ne doit point étêter, quoique, peut-être, depuis cent ans, un usage contraire eût prévalu.

Cet arbre n'a de prix qu'autant qu'il a une belle tige, bien droite, et d'une longueur convenable; c'est ce qu'on n'obtiendra jamais en le dirigeant sur une branche latérale, comme on peut s'en convaincre en considérant ceux qu'on a plantés depuis cinquante ou soixante ans.

(120) On doit éprouver d'autant moins d'in-

certitude en plantant cet arbre dans toute sa longueur, comme je l'ai indiqué pour les peupliers, qu'il réunit à lui seul bien des avantages que les autres arbres n'offrent qu'en partie. Il a des racines latérales ; beaucoup de ce qu'on appelle le chevelu, et en outre un pivot. Que de moyens de végétation ! C'est donc une erreur de les étêter. Elle est encore plus grande lorsqu'on les étête pour les mettre en remplacement. Etouffés par l'ombre de ses voisins, ne pouvant jouir librement, comme eux, des influences de l'atmosphère, ils languissent, végètent. Ils auraient un sort bien différent, si leur cime, s'élevant davantage, pouvait aspirer avec moins d'obstacle les sucs végétaux qui sont dans l'air.

Il serait bien à desirer que, secouant le joug de l'habitude, les particuliers, ou les administrations, s'éclairassent à cet égard. Avec les précautions que j'ai indiquées, soit pour la déplantation ou la transplantation, je n'ai jamais vu d'orme qui ne soit bien venu.

(121) Comme dans plusieurs endroits, on met en terre des plançons ou des plantards de peuplier, de saule, etc. je crois devoir indiquer une meilleure manière de les plan-

ter que celle qui est en usage. On commence par faire avec un pieu, qui scèle la terre dans tous les sens, un trou profond, dans lequel on met de force le plantard, et on se contente de garnir les vides qui restent dans ce trou, avec de la terre. On sent bien que les racines qui sortent de ces plantards, trouvant une terre trop compacte, n'ont pas la force de l'entrouvrir, ou la percent du moins très-difficilement. Il résulte de-là, ou qu'ils périssent, ou qu'ils ne se forment que très-lentement.

On n'a pas cet inconvénient à craindre par la méthode qui m'a toujours réussi, et à toutes les personnes à qui je l'ai indiquée. Il faut ouvrir avec la bêche un trou de 32 centimètres sur 64 de largeur (1 pied de profondeur sur 2), percer ensuite un trou avec le pieu, et y enfoncer de suite le plantard, pour qu'il trouve à cette profondeur un point d'appui ; alors on remplit le trou fait avec la bêche, de la terre qu'on en a tirée, et qu'on émiette autant qu'il est possible. On butte le plantard, avec de la terre voisine, afin qu'il puisse mieux résister à l'action du vent. De cette manière, tout plantard a plus de racines dans un an, que dans quatre, par l'autre procédé.

Quant aux jeunes boutures et à la vigne, il faut faire un trou d'une profondeur proportionnée, et couder le sarment ou la jeune branche, comme je l'ai indiqué pour le pivot de l'arbre. Cette pratique est infiniment préférable à celle d'enfoncer la bouture, ou le sep verticalement dans un trou fait avec un pieu.

(122) Je croirais laisser imparfait ce chapitre sur les plantations, si je ne parlais de deux erreurs très-graves dans la pratique, et qui ont les plus fâcheuses conséquences : la première, est la manie qu'ont plusieurs personnes de planter les arbres trop profondément, sous prétexte de garantir les racines de l'action du froid ou d'un excès de chaleur. Il résulte de-là, que les racines se trouvant dans une couche de terre, dans laquelle l'air pénètre très-difficilement, et qui ne peut participer, du moins qu'avec bien de la peine, aux influences de l'atmosphère, n'en retirent qu'une séve grossière, mal élaborée, qui s'épure mal, et même en trop petite quantité pour produire du fruit. Il en est de même pour les arbres qui n'en produisent pas pour notre usage; tels que les arbres forestiers. J'ai vu constamment que

le bois des arbres trop enfoncés, avait moins de qualité, et conservait plus d'obier.

(123) Il ne faut donc jamais s'écarter du principe de replanter les arbres à la même hauteur qu'ils avaient dans les pépinières, en ne perdant jamais de vue que, lorsque la terre est défoncée, elle s'affaisse de 2 millimètres (un pouce) par pied. Ainsi, pour ne pas se tromper, on place une règle, ou on tend un cordeau sur le niveau du terrein, de manière qu'il passe au pied de l'arbre; alors on ne peut manquer de lui donner la hauteur convenable.

Sans donner dans aucun excès, il vaut mieux que l'arbre soit moins enfoncé dans la terre, que s'il l'était trop, comme on le voit bien souvent. La raison en est que plus les racines sont près de la surface de la terre, plus elles sont à portée d'y aspirer les sucs végétaux de l'atmosphère.

(124) Cette précaution est même nécessaire, si le sol est très humide, exposé à être inondé pendant l'hiver, ou si l'eau est trop près de sa surface. J'ai vu, dans ces circonstances, relever des espaliers qui ne donnaient jamais de fruits, et qui, par ce moyen, en ont produit beaucoup. J'en ai planté moi-même un dans

lequel les racines n'étaient pas à un décimètre (4 pouces) de la surface. Je fis buter les arbres avec de la bonne terre, et la plantation réussit très-bien. J'ai vu également un beau verger de fruits à boisson dans un terrein qui n'avait pas 21 centimètres (8 pouces) de profondeur. On buta fortement les arbres ; les poiriers surtout, y sont venus d'une grande beauté et fertilité ; mais il faut avoir toujours l'attention, pour éviter le hâle ou la sécheresse, de mettre au pied de ces arbres, entre deux terres, de la litière, de la mousse, des feuilles, ou tout ce qui peut entretenir l'humidité, et avoir soin de les arroser souvent.

(125) Sous prétexte d'avoir des primeurs, les jardiniers mettent des légumes, des pois aux platte-bandes, le long des espaliers ; cet usage leur est funeste. A Montreuil, et dans tous les endroits où l'on cultive bien le pêcher, et les autres fruits, on est très-éloigné de cette pratique. On fume de temps en temps des larges platte-bandes, uniquement pour la prospérité des arbres ; on se contente d'enfoncer le fumier avec la fourche, et on ne bêche jamais le terrein, pour ne pas offenser ou couper le chevelu et les racines, qui s'étendent au loin.

(126) L'inconvénient qui résulterait des semis, des plantations des légumes et du labour à la bêche, serait plus considérable, si les arbres de l'espalier étaient butés.

(127) Parmi le grand nombre d'exemples que j'ai vu, du danger d'avoir des arbres trop enfoncés, je crois devoir en citer un. Après de fortes pluies et une inondation considérable, des pommiers et des poiriers à cidre, se trouvèrent enterrés à environ 48 centimètres (un pied et demi). Il en périt une grande partie, dans l'espace de deux ans, quoique la terre fut très-végétale, puisque c'était celle de la surface des champs qui avait été entraînée. D'après mon conseil, un propriétaire fit ouvrir des trous profonds d'environ 2 mètres de diamètre, jusqu'aux racines. Elles restèrent en partie découvertes tout l'hiver jusqu'en floréal. Les arbres furent couverts de fruits.

(128) Je crois devoir même observer à cette occasion que, dans quelques endroits de la Normandie et ailleurs, on se trouve très bien de la pratique de travailler en automne le pied des arbres à boisson, et de laisser les racines découvertes tout l'hiver.

Il résulte de cette méthode, que les différents météores de l'atmosphère déposent auprès des racines et du tronc des sucs végétaux, qui n'y auraient pas sans cela pénétré avec autant de facilité, et en si grande abondance ; que d'ailleurs le froid retarde le mouvement de la séve, par conséquent la floraison, et qu'on est moins exposé aux gelées ou aux intempéries de l'air, au commencement du printemps. Cette pratique m'a toujours paru très-bonne, pour tous les arbres, lorsqu'elle a été suivie avec un sage discernement.

(129) La seconde erreur dans les plantations, est de mettre les arbres trop près. Je connais peu de propriétaires qui n'aient fait une double, une triple consommation d'arbres, pour mal planter. J'ai moins de regrets aux frais que cette manie leur occasionne, qu'au tort qu'ils font aux arbres, et à celui qu'ils éprouvent, en se privant d'une jouissance dont ils croient pouvoir se flatter. J'ai vu planter à 2 ou 3 mètres (6 ou 9 pieds) des pêchers, dont les branches se fussent croisées dès la première année, s'ils eussent été choisis et plantés avec autant de soin que ceux qui sont au bas de la terrasse du Luxembourg, à la pépinière des Chartreux, que le gouvernement a fait planter. Ils sont à 8

mètres (24 pieds), et dans quatre ou cinq ans ils se joindront. Les beaux pêchers de M. Petit, marchand grainier, sont trop près à 10 mètres (30 pieds). Ils sont dans son jardin, rue Coulbarde, et fixent le suffrage des amateurs ; ainsi que les belles jacinthes, les narcisses, les étonnantes tulipes, et les renoncules qu'il y cultive avec tant d'art et de soin. J'ai vu des poiriers sur franc, de 22 mètres (66 pieds) d'envergure. J'ai vu deux pignons entiers, de plus de 20 mètres (5 toises quarrées) de surface, dont l'un était entièrement couvert des branches d'un poirier, et l'autre, de celles d'un prunier de reine-claude, qui portaient des fruits en abondance.

Vous voyez tous les jours ce qu'il en arrive, lorsque les branches sont trop près. Elles se dépassent mutuellement. On ne peut les croiser. Il faut tailler court. La séve, qui est trop abondante, fait avorter le fruit, pousse des gourmands ; plus on les taille, plus il en vient, et il faut toujours les retrancher. L'arbre résiste peu de temps à ces sortes de mutilations, qui sont contre nature, et on est bientôt privé du seul avantage dont on jouissait, celui de voir les murs couverts de verdure.

Je n'entends dire que trop souvent : si j'espace davantage mes arbres, je serai longtemps à voir mes murs masqués par des feuilles; et le marchand de faire *chorus* avec le jardinier! L'un, parce qu'il vendra un plus grand nombre d'arbres, et l'autre, parce qu'il a une remise sur chacun de ceux qu'on fournit.

Propriétaires! commencez par mettre le jardinier dans vos intérêts; en lui donnant le bénéfice qu'il aurait avec le marchand, puisque c'est l'usage. Ajoutez-y, s'il le faut, celui qu'il ferait sur un autre arbre de remplacement; vous aurez placé votre argent à un très-grand intérêt, si vous plantez des arbres sans défaut, et suivant ma méthode, et surtout à une distance convenable.

(130) Mais à quelle distance mettrez-vous les arbres, me dira-t-on?

Si le terrein est bon, les pêchers, les abricotiers et pruniers, sont assez près, en espalier, à 8 mètres (24 pieds); les poiriers sur coignassier, à 6 mètres (18 pieds); les poiriers et pommiers sur franc, de 12 et 14 mètres (36 ou 40 pieds.)

(131) Les arbres pyramidaux sur coignassier, à 3 mètres (9 pieds) sur franc, à 4 et

5, (12 et 15 pieds). Je rapproche davantage les arbres qu'on élève sous cette forme, parce qu'ils prennent en élévation, ce que les autres exigent en surface.

(132) J'avoue que, lorsque je vois à des espaliers de 8 ou 9 pieds de haut, des basses tiges, puis à côté des demi-tiges, suivies de hautes tiges, surmontées de ceps de vigne, je me dis : on ne voit donc ces arbres, que ce qu'ils sont au moment qu'on les plante. Le propriétaire ignore donc qu'avec du soin et une bonne culture, ces basses tiges s'éleveraient non-seulement à une hauteur de 3 mètres (9 pieds), mais même à celle de 4 et 5 mètres (12 ou 15 pieds), et qu'ils en seraient plus beaux et plus utiles.

Dans les vergers, on ne peut les mettre raisonnablement plus près de 8 ou 10 mètres (24 ou 30 pieds), surtout si on se propose de cultiver le terrein. J'ai cru souvent m'apercevoir que les arbres les plus vigoureux, par une force d'attraction, ou par toute autre cause que j'ignore, affamaient les voisins qui étaient près, et semblaient leur disputer les bienfaits de l'atmosphère.

Autrefois, dans les champs, les propriétaires plantaient les arbres à environ 7 à 8 mètres (20 ou 24 pieds). Ils se sont mieux trouvés de les espacer de 14 à 16 mètres (42 à 48 pieds.)

Quant aux arbres en bordure, d'alignement, d'avenue, la nature de l'arbre et la bonté du terrein doivent entrer en une grande considération. Si les arbres sont trop près, leur cime s'élève à proportion que les branches latérales, plus gênées avec celles de l'arbre voisin, ont moins de facilité à s'étendre.

(133) En général, plus un arbre a d'espace pour croître, pour jeter au loin ses branches, alonger au loin ses racines, plus il grossit promptement, et acquiert du prix. J'ai vu des peupliers d'Italie et des peupliers francs, qu'on avait plantés à 2 mètres (6 pieds) les uns des autres. A peu de distance, d'autres peupliers étaient à 6 mètres (18 pieds), et un seul de ces derniers en valait quatre des autres.

Un propriétaire se disposait à faire une avenue de hêtres, et de les mettre à 4 mètres (12 pieds) de distance. Il changea d'opinion lorsqu'il vit que ceux qui étaient dans ses bois en avaient plus de 18 (54 pieds) d'envergure. Il en verrait, en très-grande quantité, dans la forêt de Compiègne, qui en ont peut-être 40 (ou 120 pieds) d'envergure.

Les arbres résineux conifères, ainsi que les peupliers d'Italie, sont ceux qui peuvent se rapprocher le plus, quoique ces derniers se gênent mutuellement dans leurs racines.

(134) Lorsqu'on met un arbre en remplacement, il faut avoir le soin de ne pas mettre à la même place un arbre d'une même espèce que le précédent; c'est-à-dire, un orme, dans la même terre où il y avait un orme; un poirier, là où il y avait un poirier. Une expérience constante nous apprend que les arbres de même nature, qu'on substitue aux autres, réussissent toujours mal.

J'ai vu une personne qui a voulu renouveler ainsi une partie de son verger, et qui en a été pour ses frais et pour ses arbres.

On substitue, sur les grandes routes, les ormes à ceux qui sont morts : quel en est le résultat? Je suis encore à en chercher un favorable qu'on puisse citer.

(135) Je suis bien éloigné par là, de reproduire l'opinion de ceux qui prétendent que la terre récèle les sucs végétaux qui sont particulièrement propres à chaque plante, et que le défaut, ou du moins la rareté de ces sucs, qui ont été épuisés par l'arbre qu'on

remplace, ne peut qu'être fatal à celui qu'on lui substitue.

Mais il n'en est pas moins vrai, que dans la quantité de sels et de sucs végétaux, il en est qui, soit par leur conformation, ou leur analogie avec certaines plantes, sont plus disposés à leur nourriture et à leur végétation, que d'autres qui n'ont pas encore acquis le degré de fermentation nécessaire pour produire un effet aussi satisfaisant. Quelque végétale que soit la terre, elle se prête difficilement à donner deux bonnes récoltes consécutives en bled, et sa fertilité ne se dément pas, si on lui confie une autre semence.

Sans chercher la cause de ce phénomène, contentons-nous de savoir que c'est une vérité pratique, reconnue dans tous les temps et dans tous les lieux.

(136) Quoi! me dira-t-on, si, dans une avenue, sur une grande route, il meurt un ou plusieurs ormes, vous voulez que je les remplace par d'autres arbres! Sans contredit; j'aimerais mieux voir s'élever, à leur place, un beau frêne, un chêne, un hêtre, même des peupliers, que de voir une tige languissante d'un ormeau étronçonné, qui est

plusieurs années à vous offrir de chétives pousses.

(137) M. Duhamel a observé, avec bien de la raison, qu'on ne plantait jamais que des ormes et des noyers en avenues, et sur les routes. Ce sont, à la vérité, des arbres précieux; mais ils ne viennent pas partout. Il n'y a qu'à voyager, et on s'en aperçoit facilement.

Bien assurément, si, sur la route de Paris à Saint-Denis, on avait planté avec soin d'autres arbres que des ormeaux, on n'aurait pas le spectacle affligeant de bâtons, qu'on remplacera par d'autres, et peut-être avec aussi peu de succès, ou du moins d'une manière moins satisfaisante, que si on y avait mis d'autres arbres.

(138) Mais, dira-t-on, la régularité, l'uniformité! . . .

Voyez à quoi elle aboutit. On ne violente pas impunément la nature.

N'est elle pas d'ailleurs variée? C'est là un de ses plus charmants attributs.

Réclamez-vous l'uniformité, lorsque, dans nos bois, vous voyez différents arbres forestiers rivaliser entre eux de vigueur et d'émulation pour s'élever dans les nues?

(139) Je connais des avenues formées de

différentes espèces d'arbres, même d'arbres verds ou conifères. Je n'ai jamais vu personne choqué de cette variété.

(140) Il est cependant des cas où on peut avoir intérêt de mettre un arbre de même espèce en remplacement. Il faut alors appeler l'art et l'industrie au secours, faire ôter toute la terre, ouvrir un grand trou, le remplir d'une nouvelle terre végétale, et analogue à la qualité de l'arbre, qu'on plantera avec les soins que je viens d'indiquer; mais peu de personnes veulent faire d'aussi grands frais, ou savent les faire à propos.

(141) Je termine ces importantes observations sur la plantation des arbres, par la solution d'une question, qui est d'un grand intérêt. Vaut-il mieux planter de bonne heure, que pendant ou après l'hiver?

En général, ce ne devrait pas être l'objet d'un problème, si l'intérêt d'un côté, l'ignorance de l'autre, n'avaient mis, à cet égard, beaucoup de propriétaires dans l'incertitude, lorsque des circonstances impérieuses ne paraissent pas l'exiger.

Une plantation précoce offre plusieurs avantages; 1.° on est plus assuré du choix dans les pépinières, qui ne sont pas *éven-*

tées à cette époque. 2.° Quoique la chaleur atmosphérique paraisse très-diminuée, et que les gelées aient commencé, cependant la terre conserve encore sa chaleur. On doit éprouver d'autant moins d'incertitude pour la reprise de l'arbre, que cette chaleur intérieure provoque plus facilement la fermentation. 3.° Les pores des racines du tronc et même de la tige, étant encore dilatés, ils ont une plus grande force d'attraction, que si le froid les avait condensés. Par conséquent, les racines, plus imbibées de sucs végétaux, reproduisent plus facilement du chevelu, et sont plus disposées, au printemps, de répandre dans la tige ces sucs végétaux qui doivent faire éclore de vigoureux rameaux. 4.° La terre est mieux émiettée, la température est plus douce, le travail plus facile et plus agréable. Les plantations d'hiver n'offrent point cet avantage. Celles du printemps ont, en outre, un grave inconvénient, en ce que, à proportion que les racines s'imbibent de séve, elles la transmettent à la tige, sans en réserver assez pour se former; alors le travail de la végétation, qui se manifeste au-dehors, ne se fait pas dans la même proportion au sein de la terre.

(142) On a prétendu, je ne sais sur quel fondement, qu'il valait mieux faire les plantations des arbres verds, et surtout des arbres résineux, au printemps, qu'en automne. Je puis assurer que, d'après ma propre expérience, et qui a eu constamment les mêmes résultats, dans différentes années, je me suis bien mieux trouvé de planter ces arbres et arbrisseaux, en brumaire, qu'à la fin de ventose ou au commencement de germinal. Je pourrais citer un très-grand nombre d'exemples à l'appui de ce principe. Je me contente de dire, que je connais une plantation d'arbres résineux, de trois à quatre ans, faite, avec soin, à la fin de vendémiaire an X, et qui a réussi conformément à l'espoir qu'on en avait conçu. On peut assez établir pour principe, qu'au printemps la séve est trop en mouvement dans les arbres verds, pour que les racines se fortifient de manière à pourvoir à leur propre vie, et à celle de la tige qui les affame.

(143) Mais à quelle époque, dira-t-on, doit-on faire les plantations? Comme, dans les différentes années, il y a des variations sensibles dans la température; comme les saisons sont plus ou moins retardées, il est

impossible de fixer, à cet égard, des époques précises. Par exemple, dans les deux dernières années, X et XI, la chaleur et la sécheresse ont plutôt aoûté les boutons et les rameaux, que dans les années précédentes ; mais les arbres, après la séve d'août, n'ont pas fait des progrès sensibles dans leurs racines, surtout pour former le chevelu. Je l'ai vu aussi formé qu'on pouvait le desirer, au 15 vendémiaire de l'an VIII ; et au 1.er brumaire de l'an XII, il commençait seulement à se développer, après les légères pluies qui ont commencé à la fin de vendémiaire. Ainsi je ne doute pas qu'il n'y ait eu de l'avantage à retarder de trois semaines, ou d'un mois, les plantations de l'an XII, pour ne pas arrêter le chevelu dans sa croissance.

(144) Le signe le moins équivoque pour commencer les plantations, est lorsque les feuilles jaunissantes se détachent facilement, et que le bouton, qui s'est formé par leur soin tutélaire, est bien formé et bien *mûr*, comme on le dit communément. On en juge également, en considérant l'extrémité des rameaux. Si les feuilles sont encore d'un verd tendre, si le bouton, qui est à l'extrémité, et qu'on appelle pour cette raison le bou-

ton *terminal*, n'est pas d'un brun tirant sur le noir, c'est une preuve que les racines travaillent encore, et que, dans sa transplantation, l'arbre n'aura pas toute la vigueur qu'il peut acquérir par l'extension totale des racines.

Les signes pris du plus ou moins d'adhérence des feuilles, sont très-équivoques, puisque tous les arbres résineux, et autres arbres verds, les conservent en tout temps, et que celles du charme et du chêne, etc. ne tombent presque, du moins en totalité, qu'au printemps. Ainsi je crois qu'on peut établir pour principe général, que, lorsque d'après les signes que j'ai indiqués plus haut, on est sûr d'un ralentissement sensible dans le mouvement de la séve, (car il n'est jamais totalement suspendu, même en hiver,) on peut, sans inconvénient, commencer les plantations.

(145) En indiquant les grands avantages qu'on retire des plantations qu'on fait de bonne heure, je ne dois pas négliger de dire, qu'il est des circonstances impérieuses qui forcent de les renvoyer après l'hiver.

Par exemple, il est des arbres étrangers, qu'on a de la peine, surtout dans le début, d'acclimater au froid, et qu'il vaut mieux mettre en terre, lorsqu'on n'a plus à en redouter la rigueur.

Il est des positions abritées du soleil, naturellement humides, exposées à des courants d'air très-froids, et auxquels de jeunes arbres auraient bien de la peine à résister.

Il est aussi des bas fonds, après des fins d'été et des automnes très-pluvieux, où il serait difficile de planter avant les fortes gelées. On renvoie donc ces plantations à une époque où le terrein est moins abreuvé d'eau. Dans ces sortes de circonstances, je conseille d'enfoncer moins les arbres, que dans les plantations ordinaires. A ces exceptions près, et quelques autres, qui peuvent dépendre de la localité des terreins, ou d'autres circonstances, je crois qu'il n'y a qu'à gagner de planter de bonne heure, d'après un adage ancien, qui dit : *Plantation précoce, vaut argent en poche.*

CHAPITRE X.

Des soins d'entretien après la plantation.

(146) Lorsqu'une plantation est bien faite, on n'a plus qu'à jouir du fruit de tant de soins et de tant de frais. Il ne s'agit donc que de veiller à ce que les arbres suivent leur destination. Cette attention doit se porter d'abord à les bien former. Si ce sont des espaliers, de les diriger sur deux branches latérales qui fassent le V, et qui soient les plus fortes et les mieux placées.

(147) Quelques personnes attendent, pour supprimer le reste de la tige au dessus de ces branches, que ces branches soient fortes et aoûtées, et ne font cette suppression que vers l'automne ou dans l'hiver suivant.

Je crois cette pratique vicieuse, parce que la tige meurt jusqu'à l'insertion de la plus haute branche, que l'écorce est plus longtemps à recouvrir la plaie, et que, sous le bourrelet qui se forme insensiblement, il se trouve du bois mort.

(148) Je me suis constamment mieux trouvé de couper cette tige au printemps, ras de

la branche latérale la plus haute. La plaie se recouvre bien plus promptement, parce que la tige est encore vivante, et que la séve suinte dans toute la circonférence des lèvres de l'écorce. Je la couvre par précaution, pour la soustraire à l'action de l'air ou du soleil, avec de l'argile mêlée avec du sel et de la bouse de vache. Je préfere appliquer, avec le pinceau, la composition dont j'ai parlé plus haut (88).

Il faut avoir la même attention, pour supprimer les onglets des branches, dans les hautes tiges. S'il pousse des rameaux, des boutons qui sont à l'extrémité de la tige, ou du corps même de cette tige, je les préfère à ceux qui poussent des branches latérales qu'on avoit laissées à l'extrémité, et qu'il faut supprimer. Ces rameaux ont plus de vigueur, et forment mieux la tête de l'arbre que je traite, comme je viens de l'indiquer pour les basses tiges.

(149) S'il se trouve beaucoup de branches, je les réduis à deux ou trois, tout au plus à quatre, qui profitent de la suppression des autres.

(150) J'en agis de même pour former les arbres fruitiers pyramidaux : les quatre bran-

ches inférieures sont destinées pour faire la base du cône. La cinquième est destinée pour perpétuer la tige. Il est très-important de ne laisser subsister à l'extrémité aucun onglet, pour que la plaie se recouvre plus vîte, et que le rameau ait plus de facilité pour prendre une direction verticale.

(151) Il faut bien s'assurer, lorsque les arbres sont faits pour filer, qu'il n'y ait pas à l'extrémité, deux branches rivales, qui fassent la fourche. Il faut nécessairement supprimer celle qui a une direction moins verticale, ou qui est du moins la plus faible; ce qu'on fait facilement avec des ciseaux à écheniller, ou un instrument bien tranchant au bout d'un bâton.

(152) Quelquefois le vent, ou tout autre cause, peut-avoir cassé l'extrémité de la tige. Il faut alors la diriger sur une des branches latérales, comme je viens de le dire pour les arbres pyramidaux.

(153) On ne doit pas négliger de donner de temps en temps de légers labours aux arbres, pour que l'air et les vapeurs de l'atmosphère puissent pénétrer aux racines, et afin que l'herbe ne les épuise pas.

(154) On néglige trop d'arroser les arbres

dans la première année de leur plantation, et je ne doute pas que ce ne soit souvent une des causes de leur langueur et de leur dépérissement, surtout s'ils ont été mal plantés. Cet arrosement, nécessaire à tous les arbres, sans distinction, l'est principalement aux arbres fruitiers, et encore plus aux arbres verds. Il doit se faire, lorsque les premières chaleurs du printemps se sont fait sentir. On le renouvelle au fort de l'été suivant, à l'époque où les chaleurs sont plus fortes ou plus continues. Personne ne doute que celles que nous avons éprouvées pendant les deux derniers étés, ne soient la cause de la perte de beaucoup de jeunes arbres, qui, quoique plantés avec peu de soin, auraient résisté dans un été médiocrement chaud. Mais j'insiste de nouveau sur la nécessité de mettre au pied des arbres[1], de la litière, ou tout ce qui peut favoriser et retenir l'humidité.

Je sais qu'on m'objectera l'embarras et les frais qu'il en coûte pour faire des arrosements; mais je dois supposer, sans me tromper, que celui qui a pu mettre quarante sols à planter un arbre, en a pu réserver deux pour le conserver. Qu'on calcule les avantages qui résultent de cette dépense, celle qu'il en coûterait pour le remplacement, le retard dans la jouissance ; le sacrifice sera bien léger.

(155) Pour les arbres en espalier, ou ceux qui ne sont pas trop élevés, il est une manière d'arroser plus utile, et qui ne dépense pas autant d'eau, c'est l'usage de ces petites pompes foulantes de fer blanc, avec lesquelles on fait tomber l'eau en forme de pluie sur les arbres et sur le fruit. J'ai été très à portée d'en faire cette année l'expérience, chez un de mes amis. Ses pêchers étaient dévorés par la chaleur; les feuilles jaunissaient ou étaient brûlées ; les fruits petits donnaient peu d'espérance. Il était d'avis d'arroser ses arbres. Le jardinier s'y opposait, en prétendant qu'on était très-éloigné à Montreuil de suivre cette pratique, parce que, disait-il, les pêches tombaient aussitôt. Ne pouvant le convaincre par aucun raisonnement, nous prîmes le parti d'arroser deux arbres, avec de l'eau qui avoit été exposée longtemps au soleil.

Ces arbres parurent, dès le lendemain, reprendre une nouvelle vie. Leur vigueur fut toujours en augmentant, et les fruits grossirent d'une manière sensible. Nous prîmes le parti d'arroser les autres, lorsque le soleil ne donnait plus sur le mûr, avec la pompe foulante, et quoique nous dépensassions au moins, la moitié moins d'eau que nous n'en mettions à ceux que nous arrosions au pied, ils annoncèrent une végétation plus forte, et les fruits ont parfaitement mûri sur l'arbre. Le jardinier a été témoin de ces faits et de ces succès. Je crois cependant qu'on aurait bien de la peine à le faire convénir, que la méthode d'arroser les espaliers pendant les fortes chaleurs, a son utilité.

(156) Cabanis nous apprend que lorsque pendant l'été il voyait languir ses greffes à œil poussant, il les arrosait avec un rameau, en faisant une aspersion sur les feuilles; une pinte d'eau lui suffisait pour plusieurs greffes.

Frappé de cette observation, j'achetai une forte seringue de maréchal, au bout de laquelle je fis adapter une boule percée d'un très-grand nombre de trous fort petits. Je faisois de cette manière tomber l'eau en forme de pluie très-menue, sur mes orangers et mes cédras. Ils avaient une plus grande végétation, et étaient chargés constamment tous les ans de plus de fleurs, que ceux qu'on se contentait d'arroser uniquement au pied. Je ne doute pas que cette méthode si simple et si peu dispendieuse, ne fut très-utile aux arbres à haute tige, au sommet desquels l'eau pourrait s'élever par la pression du piston.

(157) Je vois commettre souvent uue erreur bien funeste, dont je crois devoir avertir mes lecteurs.

En plantant des arbres en avenue, on met sur la même ligne une haie qui épuise l'arbre, on l'empêche du moins de profiter autant qu'on le desirerait. Il vaudrait mieux mettre la haie à quelque distance de la ligne.

On fait aussi des fossés près de ces plantations, ce qui leur est très-défavorable, parce que l'air, la chaleur, dessèchent la terre, et que le peu d'humidité qui se trouve autour des racines, s'évapore facilement à travers une terre dilatée. D'ailleurs, les racines en s'étendant, se trouvent de ce côté, arrêtées dans leur cours, et ne peuvent plus pourvoir à la subsistance de l'arbre. On peut facilement s'en convaincre, en considérant ce qui se passe sur nos routes. Voyez comme les racines d'ormes sortent dans ces fossés, et s'épuisent souvent à former des centaines de petits drageons. Il est des endroits où ces ormes paraissent presque en l'air, sur des cubes, comme si on devait les encaisser, à l'instar des orangers. On n'aura jamais de bonnes plantations de cette manière là. C'est depuis l'invention de ces fossés, qu'on a vu, il y a environ cinquante ou soixante ans, dépérir les belles avenues de Saint-Denis et de Vincennes. Voyez combien, depuis deux ans, les arbres de l'avenue des Champs-Élysées ont acquis sensiblement, parce qu'on a comblé les fossés qui étaient à leurs pieds.

(158) On a beau faire, on n'aura jamais de belles plantations qu'autant que les racines des arbres pourront s'étendre sans obstacle, et qu'on ne circonscrira pas, dans d'étroites limites, des racines qui ont besoin d'aller chercher au loin leur nourriture.

Mais, dira-t-on, l'eau se rassemble dans l'hiver et pendant une partie du printemps dans les fossés, et alors les racines sont humectées : c'est à dire, ces racines ont de l'eau lorsqu'elles peuvent s'en passer, et que l'humidité de l'atmosphère supplée à ce qui leur manque : c'est-à-dire, que ces arbres ont le pied dans l'eau pendant l'hiver, ce qui est précisément contraire à leur végétation et à leur prospérité.

On me dira que les terres qu'on ôte de ces fossés et de l'entre-deux des arbres, est nécessaire pour réparer les côtés de la route. J'en conviens; mais on conviendra aussi, que c'est le moyen d'avoir des routes mieux entretenues que les arbres qui les bordent; et que le bien public semble réclamer les moyens de concilier l'intérêt, de conserver les routes et les arbres.

FIN.

Fig. 2.

Fig. 1.

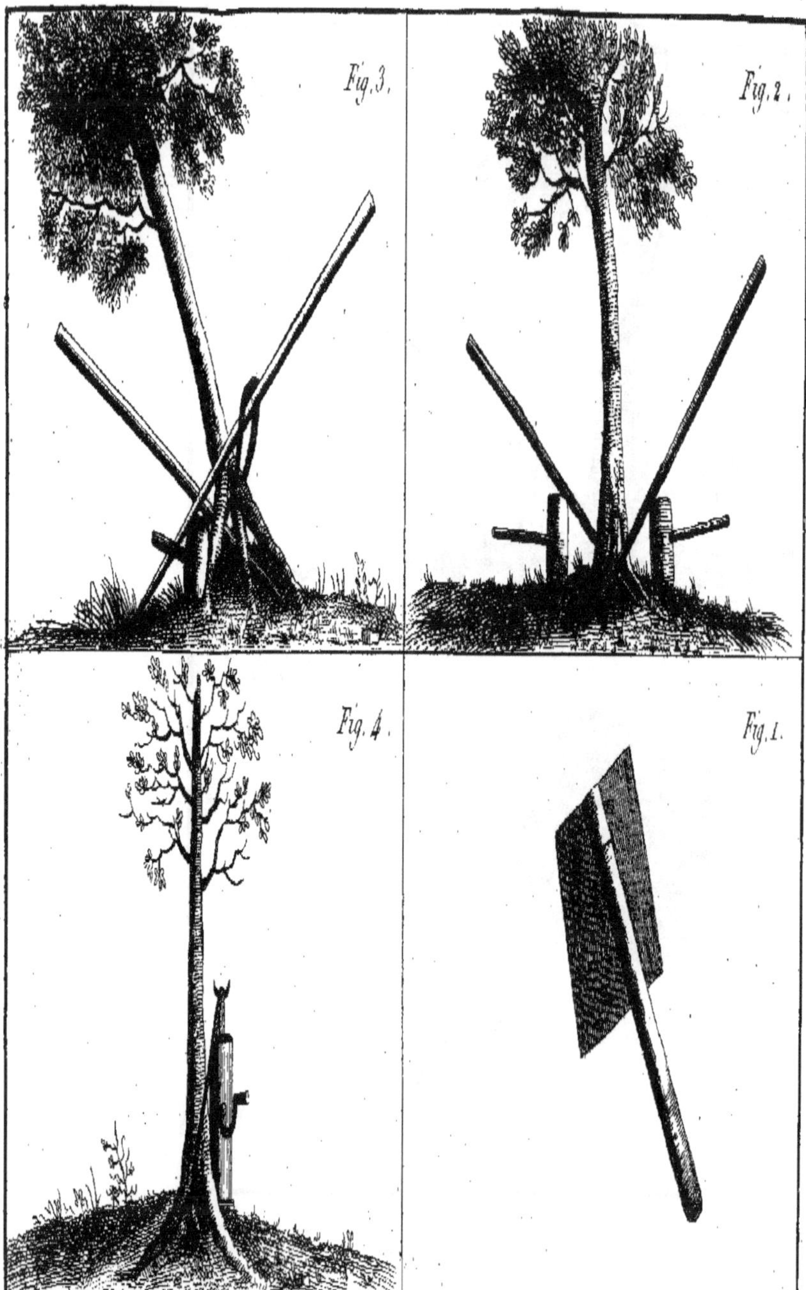
Fig.3.
Fig.2.
Fig.4.
Fig.1.

www.ingramcontent.com/pod-product-compliance
Lightning Source LLC
LaVergne TN
LVHW020328230826
846091LV00003B/801
9782329755458